玄耳と東京法学院の時代

岡村　惇【著】

中央大学出版部

目次

序章

玄耳は波乱の人生を生きた。その文筆とジャーナリストとしての類稀な才能と多様な因縁に結ばれて世に出、眩しく輝いた時代があった。そして、失意のうちに世を去った。渋川柳次郎、号は玄耳、歌人としては石人、頑石人を使う。新聞紙上では薮野椋十の筆名で知られる。現代においてその名を知る人は少ない。しかし、明治・大正時代の著名な随筆家であり、ジャーナリストであった。だが、最初は陸軍の法官として世に出た。玄耳自身や玄耳に関する著作は、最近デジタル化に力を注いでいる国立国会図書館の電子図書館・近代デジタルライブラリーに収録されている。玄耳自身の著作も主なものは殆どが収録されており、その数は三〇冊以上に達する。これらは著作権が切れており、誰もが気軽にネット上閲覧でき、ダウンロードすることができる。しかも無償である。その他、玄耳の作品で国立国会図書館内でのみ閲覧できる『日露戦役従軍三年・日独戦役小敵大敵』等もある。これらの全てを合わせると、国立国会図書館に収蔵されている玄耳関係の書籍でデジタル化の完了したものは既に九〇冊を超えている。玄耳の評伝類は数冊出ており、玄耳が社会に出てからの活躍についてはそれらの著作で詳しく知ることができる。本書は前記の何れの著作においても記述がやや明快さを欠いているように思われる部分、即ち、玄耳が故郷を出て社会人となるまでの、いわば「書生の時代」について、時代背景を含めて少しでも明らかにしてみようと試みたものである。ただ、本書で初めて玄耳について知ることとなった読者のために、玄耳と同じ佐賀県出身であり、玄耳がジャーナリストとしてデビューした朝日新聞の後輩でもあるお二人の著作を中心に紹介し、加えて、玄耳の句集を編み、その「あとがき」で熊本での生活に触れておられる高田素次氏の著書によって凡その玄耳像を紹介しておきたい。以下社会人としての玄耳像については、これらの著作によっている。一つは、谷口雄市氏の『渋川玄耳略伝』[1]であり、もう一つは、森田一雄氏の『評伝渋川玄耳　野暮たるべきこと』[2]である。加えて、高田素次氏の『渋川玄耳句集』[3]である。（以下引用する全ての著作の編著者について敬称を略させて頂くこととしたい。）

渋川玄耳（柳次郎）の生地は、四方を山に囲まれた盆地にある佐賀県西部の杵島郡西川登村である。昭和二九年の合併で今は武雄市となっている。明治五年六月三〇日、渋川柳左衛門とヤヱの次男として生まれた。実際に生まれた場所については、玄耳の著書でも触れられているが、父の故郷である山内町であったのかも知れない。山内町は有田や伊万里に近い窯業の町である。玄耳には七人の兄弟がいた。弟は早く亡くなったので、実際は六人兄弟の末っ子のようなものであった。両親ともに再婚で、三人の姉と二人の兄がいた。姉三人とは母が違い、長兄の常三郎とは父が違っていた。この常三郎のいる大串家には玄耳が長崎で学んだ時に世話になった。その兄常三郎が亡くなった後、玄耳はその三人の娘を引き取り、養女として面倒をみた。玄耳は物心がつくと、父の故郷山内町の住吉村宮野にある真言宗の定林寺に小僧として預けられた。七歳のときに家に帰り、小田志小学校に入学した。森田一雄は、明治一七年玄耳が小学校を卒業した年に時の文部少輔九鬼隆一が佐賀県下を視察し、その際に、小田志小学校を訪れて、優れた学校として表彰したとしている。一方谷口雄市は、玄耳自身が成績抜群であるとして表彰されたとしている。いずれにせよ、玄耳は終生この小学校に愛着をもち、ここで学んだことを懐かしんだ。この小田志小学校は明治八年に開校となっているが、明治五年の学制の施行と同時に小田志小学校と神六小学校が設立され、明治八年に合併されたものである。玄耳の著作の中でも、佐賀県下では名の通った三つの小学校の一つであったとしている。

玄耳の著作『故郷他郷』によると、子供の頃から四書五経の素読を習わされ一〇歳の頃には詩経にかかっていた。玄耳は日本の古典にも詳しかった。玄耳の著作は多いが、玄耳の著作の一つ『古事記嘶』は、旧制京都一中の生徒の『課外読物書目録』にも入っていた。また、慶応義塾の外国人教師達と共に国民英学会を創設した英学者磯辺弥一郎によって英訳もされている。[4]ところで、九鬼隆一文部少輔が明治一七年に佐賀を訪れたこととされているが、九鬼が駐米全権大使として転出する同年五月までの慌ただしい最中にということになる。この時期、九鬼は伊藤博文の後ろ盾を得た森有礼と省内の覇権を争って敗れ、文部省を体よく追い出されることとなった頃である。九鬼が何時、何のために佐賀県下を訪れたのかは分からない。明治一七年に小学校を卒業した玄耳は兄常三郎のいた大串家の援助を得て、長崎外国語学校に進学した。この学校は玄耳の在学中の明治一九年四月に、前年に創設されたばかりの長崎区立「公立長崎商業学校」と合併され、同年一二月には長崎県立商業学校と改称された。その後も組織はいろいろ変ったが、玄耳は同級生八人と共に、県立としては最後となる第三回卒業生として、明治二一年一二月に卒業している。この学校は、現在、市立長崎商業高等学校となっているが、商業学校としては九州で一番古く、全国でも六番目に古いとされている。玄耳の著書『鈍語』の一節、「水滸伝を読んで」によれば、玄耳が長崎にいたのは明治一六年から二一年としている。ただ、谷口雄市、森田一雄の何れも玄耳が長崎にいたのは明治一七年からとしており、玄耳の小学校卒業の年から見て玄耳の記憶違いだったようだ。この頃、江戸末期の小説類が新たに翻刻され、新聞の広告で幅を利かしていた。特に曲亭馬琴、山東京傳、柳亭種彦、式亭三馬、頼春水などの作品が、従来の高価な木板刷りの本に比べると、一〇分の一位の価格で手に入るようになった。しかし、経済的に余裕のない若者達には貸本屋が人気だった。貸本屋も競争で、長崎では大抵の本が一冊一日二銭も払えば読むことができた。貸本屋の中には同じ二銭で、終日手当たり次第に本を読ませるところもあった。玄耳は馬琴が特に気に入っていたようだ。四冊本の八犬傳を一冊ずつ借りて学校へ持っていき休み時間に夢中で読んだ。授業時間になってもやめられず、教室に持ち込んで膝と机の間に隠して読み続け、四冊を四日間で読み終えたとしている。水滸伝は明治二二年に上京してから訳本で読んだが、この頃から、馬琴の作品は、中国古典の焼直しに過ぎないのではないのかとの疑いをもって評価を見直したとしている。

森田一雄によれば、玄耳は学校ではガキ大将で、あだ名はライオンと呼ばれていたという。玄耳が卒業した長崎県立商業学校（「長崎市立長崎商業高等学校ホームページ中の「沿革」のなかで表示されている名称を使用）は、一八五七年（安政四年）八月に、幕府直轄の下で開設された「語学伝習所」に起源を持つといわれる歴史の古い学校である。そして、玄耳が学んだ東京法学院の前身である英吉利法律学校の一八人の創設者の一人である磯部醇が、玄耳がここで学んでいた間に、長崎商業学校の校長であった期間がある。磯部醇は、公立長崎商業学校が明治一八年九月一日に設立許可を受けた時に校長として赴任した。この学校は明治一九年四月一日に玄耳の学んでいた長崎外国語学校と合併したが、県立となったのは同じ年の一二月とされており、磯部醇がその年熊本へ転任したことから考えると、合併を果たしてそのまま熊本へ去ったと考えることもできるし、合併後県立となるのを見届けるため、引続き校長であった可能性がないともいえない。なお、明治一九年一一月三〇日現在の内閣官報局官報第一四一九号付録の「職員録（甲）」では、磯部醇が司法省熊本始審裁判所の検事・奏任官五等（上）とされていることからみて、公立長崎商業学校設立の為に招聘され、合併後すぐに熊本へ去ったと考える方が素直であろう。その後磯部醇は判・検事として各地を転任し、最後は大審院判事となった。退任後は名古屋で弁護士を開業、二年後には名古屋弁護士会の初代会長を務めた。

磯部醇は明治一八年に長崎に赴任し、一九年に熊本に転任した。明治一七年に長崎で学び始め、明治二一年の一二月に卒業した玄耳の在学中の校長であった期間があったとしたら、当時毎年の卒業生が一〇名前後の小規模な学校であったので、面識があったとしても不思議ではない。玄耳は明治二二年に上京しているが、英吉利法律学校（東京法学院）入学に大きな影響があったのではないかと想像してみるのも面白い。この磯部醇は、代言人で、号は「裸坊」、明治一六年から一八年までは、東京専門学校（現早稲田大学）の教壇に立っていたが、英吉利法律学校（現中央大学）の設立に参画した。しかし、直ぐに長崎県中学校一級教諭兼長崎商業学校長として赴任した。英吉利法律学校の講師となる予定であった磯部が長崎に赴任したのは父親の借財を整理するためであったとされている。(5)玄耳は、明治二一年の暮に、長崎県立商業学校を卒業して故郷へ帰った。翌年、両親の許しを得て上京し、五年間の書生生活を過ごすことになるが、玄耳の東京遊学中の学費を負担したのは誰であろうか。このことに関して、森田一雄は、玄耳の東京での学費を援助したのは、眼科医中村道祐であったという説を紹介している。この中村医師は、奥川忠右衛門、国の無形文化財で、大物作りの名人としても知られるが、その窯の近くに居を構えていた。森田によると、玄耳が長崎で勉強していた頃仲良くしていた医学生が病気で入院した。つきっきりで看病しているうちに、玄耳は、その医学生が治療費の支払いに困っているのが分かった。そこで、同じ頃長崎で学んでいると聞いていた医学生の許婚を探し出してきて、病院の支払の問題をうまく片づけた。そのことを恩義に感じていた医学生が、この眼科医と何らかの縁があり、その医学生の勧めをうけて援助したのではないかというものである。高田素次は玄耳の句集を編んだ人であり、また、玄耳の研究家でもあった。素次は、玄耳の句友であった井上微笑と長野蘇南に面識があった。微笑は、同じ東京法学院で玄耳と前後して学んでいるが、玄耳の熊本での俳句の会の活動を通じて知り合った仲間である。蘇南は、熊本六師団の軍医で、玄耳の親しい同僚であり、また句友でもあった。

玄耳とはどのような男だったのだろうか。高田素次は玄耳の人柄について、玄耳の句集の「あとがき」の中で、蘇南が書き残したものを次のように紹介している。


「玄耳は非常に理智の勝ったものであった。併し徹頭徹尾理智計りで行く傾向はなかった。理智のひらめきと同時に、人よりも一歩先に透徹する頭脳の持主であったので、正宗の利刀を揮ふが如く、断定的の行為を敢行した。」

「玄耳は非常に自信が強かった。余りに自信が強かった為に、人の説を入れなかった。」

「玄耳には尻くくりする女房役が必要であったが、さてこの女房役になり得る人がなかなか無かった。玄耳の性質として、如何なる人の意見でも容易に聞入れなかったからである。」


玄耳は「詩も作ったが、俳句や和歌、玄耳一流の文章から、書道、鉄筆、茶事、華道、晩年には彩筆をも弄したが、金魚の絵に至っては堂に入ったもので、清楽は明笛、月琴、琵琶などに造詣が深く、それにかかはらず貧乏であって、その貧乏ぶりがまた到底尋常人の企及する事が出来ない所であった。貧乏はしては居ても堂々たる生活を続け得たからである。」

打残す君が畠や広かりし

これは蘇南が玄耳に贈った追悼句である。

（1）『渋川玄耳略伝』谷口雄市著　武雄市文化会議武雄市教育委員会社会教育課　昭和六三年一一月一〇日発行。
（2）『評伝渋川玄耳　野暮たるべきこと』森田一雄著　梓書院　二〇〇六年三月一日発行。
（3）『渋川玄耳句集』高田素次著　青潮社　昭和四八年六月一日発行。
（4）『The Story of ancient Japan, or, Tale from the Kojiki』Isobe, Yaitiro, sibukawa, Genji 1872-1926 San Kaku Sha 1928.
（5）『タイムトラベル中大一二五』監修中央大学史料委員会専門委員会　編集中央大学入学センター事務部大学史編纂課　学校法人中央大学　二〇一〇年一一月一三日発行。

第一章　人材の驥北・花の都へ

1　玄耳の上京

玄耳の随筆家としての名声を確立した『従軍三年』の中にその上京の経路を示唆するくだりがある。『行軍』の一節に、玄耳が従軍中の満州の地で真夜中に響く時計の音を聞きながら、愛用の懐中時計を買った時のことを回想している部分がある。

「憲法発布の歳だった、九州の尽頭から遙々の上京。幾度か脱走を企て、望みを遂げなかったのに、此度こそは公々然雙親の許諾を得たのだから嬉しさが堪らぬ、大手を振って郷里を出た。村境の岡を越えたのが恰好ほのぼのの空、朝霧の中に故郷の人家草樹を瞰下した時思ったことがある、他日志を得ば、宜しく此に乃公の別業興すべきなりと、差し昇る朝陽に対って例の月性が出関の詩を放吟したのである。十日余り、三百余里、汽船にも乗った、汽車にも乗った、大阪も見た、京都も見た、幾多古今盛衰の跡を見尽し、やがて、人材の冀北、花の都に乗り込んだ、少年の鋭気当る可らず、青春の空想燃ゆるばかり、…」

釈月性の出関の詩「男児立志出郷関　学若無成不復還　埋骨何期墳墓地　人間到處有青山」に気持を託し、逸る心を抑えて故郷を離れた様子が回想されている。

「人材の驥北」の「驥北」というのは古い中国の著名な馬の産地で、現在の中国の河北省衡水市周辺とされる。驥は千里を駆ける名馬という意味で、驥北は名馬の生産地であったというが、ここでは人材の豊富な、或いは人材の育つという意味で使われているのであろうか。山口県の大畠町にある釈月性記念館前庭の「男子立志の碑」には、幕末の勤皇派で僧侶であった釈月性が盛んに海防を説き「海防僧」と呼ばれたと記されている。碑に付された訳文を掲げておこう。

「男児志を立てて郷関を出ず　学若し成る無くんば復還らず　骨を埋むる何ぞ期せん墳墓の地　人間到る処青山あり」

当時の交通事情から見て、上京ルートも興味深いものがある。この時代は、周辺国共々列強の圧力がひしひしと感じられ、経済界・軍によって鉄道の輸送力の必要性が認識されると共に、財政難にも拘らず、軍事政策、産業政策が優遇され、それに必要な幹線鉄道の充実のため国による鉄道の敷設、私鉄の買収などが活発に行われた時代でもあった。

玄耳が上京した明治二二年当時、九州鉄道会社は発足してはいたが、営業運転を始めたのは玄耳が上京した年の暮に、千歳川（現在の久留米）から博多まで日に三往復が最初である(1)。従って、玄耳が利用することは無理であった。山陽鉄道は、玄耳が東京法学院を卒業する明治二七年に広島、三四年にようやく馬関（下関）にまで達した。官営東海道線の全通は明治二二年七月一日であり、玄耳の上京の時期によっては利用できた可能性がある。しかし、玄耳の著作の記述等から見て、上京は全通の時期よりもう少し早かったような気がするので、不通の区間は別の手段が必要だったのかも知れない。当時の鉄道の状況は、とはいっても、開通の時期から見て玄耳の卒業の時期より後のことと思われるが、資金難に喘ぐ山陽鉄道の状況を見て、一時期九州鉄道の社長であり、後に南満州鉄道総裁も務めた仙石貢は、その脱線を恐れ船を使ったという(2)。右のような鉄道の状況から見て、長崎で学んだことのある玄耳は、上京の折の記述から想像すると、長崎、佐世保、博多、門司等の何れかの港から、大阪若しくは神戸の港まで船で行ったようだ。玄耳が東京で最初どこに居を定めたのかは分からない。玄耳との関係は判然としないが、江藤新平の遠戚の「船尾のおばさん」の所であったという説もある。この「船尾のおばさん」は、後に、玄耳が軍の法官を辞して、東京朝日に勤務したものの、不本意な事情で退社した時も、その退社の理由も含めて前後の事情を述べた『一萬金』のなかでは、偶然玄耳を訪ねたと書かれている。この『一萬金』の中で、「船尾のおばさん」は女中に指図しながら料理を作り、子供達には英語の歌を教え、玄耳には下手な謡をやることを強要しながら、夕食を共にしたとしている。会話の内容から見て、玄耳やその家庭の事情に通じている様子が窺われる。玄耳はこの「船尾のおばさん」の帰宅を見送る途中、公表されてはいないがとしながらも、東京朝日を退職したことを告げた。そのおばさんには貴方は気が短いからと嘆かれている。ただ、このおばさんがどこに住んでいたのかはよく分からない。しかし、玄耳が最初に居を定めた場所は、玄耳の『従軍三年』という著作の中にそれを暗示する部分がある。玄耳は故郷を出るときに持って出た時計を財布ともども散歩の途中掏摸《スリ》にやられ、通学に不便だからと、非常の時のためにと貯金していた叔父の餞別の一〇円を引き出して九円何がしかで時計を買ったと書き残している。その財布を掏られた場所であるが、「五十稲荷」の辺りに散歩に出たときとしている。したがって、この「五十稲荷」のある現在の神田小川町三丁目辺りから、さほど遠くないところに住んでいたものと思われる。この一〇円が現在の価値でどの程度になるのかというと、全国の図書館の共通のデータベースである「レファランス協同データベース」に含まれる試算がある。それによると、明治二三年と平成一九年の貨幣価値の比較では二、二六七倍となっている。これに従って単純に現在の貨幣価値に引き直すと二万二〜三千円ということになろうか。玄耳の上京の年に創刊された新聞「日本」の記事によると、当時の地方の所得水準の中では、一〇〇円の年間所得のある人は中級の家庭だとしており、一〇円近い価格は中級家庭のほぼ一月分の家計費に相当する金額だとしている。「レファランス協同データベース」というのは、国立国会図書館の他、全国の図書館の管理事例を検索できるサイトであるが、この試算を行ったのは香川県立図書館である。

色川大吉はその著作(3)の中で、玄耳の上京した明治二二年の東京府下の人口は一三七万人、うち男が七五万人、女が六二万人と男が一三万人も多く、公娼制度の背景となっていたとしている。政府は権力機構については積極的に整備を進めたが、民生にはさほど力を入れていなかった。玄耳が書生として過ごした明治二二年から二七年にかけて、コレラや天然痘などが猛威を振い、明治二三年、二六年、二八年には疫病で多数の死者が出た。これより少し前の明治一〇年代から二〇年代の僅か二〇年間の死者は八〇万人を超えた。これに対応できる公衆衛生の組織も十分でなかったし、この間五度の大火があったが近代的な消防の設備も十分ではなかった。同じく色川の説くところによれば、銀座は明治七年前後から整備が始められたが、一四〜五年にはほぼ整備が終わりガス灯が灯っていた。明治一五年には銀座二丁目の大倉喜八郎の事務所に電燈が灯され話題を呼んだ。一般の家庭に電燈がついたのは明治二〇年代だったという。玄耳の上京の頃には一部の一般家庭にも電燈がついていた。

この頃の東京について、馬場孤蝶(4)は、「僕らが少年の時分には、まだ旧江戸の面影だろうと思わるるようなものが大分残っていた。一例を挙げれば、今の中央大学の前は法学院、その前は英吉利法律学校、そのまた前が明治義塾、その前身が三菱商業学校であったのだが、明治義塾時代までの校舎は、昔の侍屋敷のままの建物であった。いずれ何千石というようないわゆる布衣以上の旗本か、それとも、もう少し大きい小名かの邸宅であったのだろう、大きな式台で、内には書院らしい部屋もあるという、日本建ての家としてはかなり広々とした建物であった。当時はそういう前代からの遺物である建物が錦町、神保町、猿楽町、今川小路へかけて、いくつも見られ得たろうと思う。」「布衣」というのは下位の旗本の儀典用の狩衣で、紋は入っておらず、幕府が定めたものだという。ここではこれを纏う階級を示したものであろう。具体的なデザインは白楊社の『新国語図録』（小野教孝著）で見ることが出来る。因みに、この旗本の名は、『文久三年駿河台小川町絵図（人文社）』で見ると、蒔田数馬之助となっている。

馬場胡蝶（勝弥）は明治二年一一月八日高知市の生まれで、次兄は政治家・民権思想家として著名な馬場辰猪である。辰猪は明治二一年一一月にフィラデルフィアで客死したが、英吉利法律学校でも講義を行っていた。胡蝶は明治一一年、一〇歳のとき父母ともに上京し、明治一六年頃三菱商業学校に入るが中退して共立学校で英語を学び、明治二二年に明治学院普通部本科二年に入学した。明治二四年に卒業したが、島崎藤村や戸川秋骨と同級だったという。故郷の共立学校の英語教師を務めた後、再度上京して日本中学で教鞭をとり、その後滋賀県の彦根中学、埼玉県の浦和中学を経て、畑違いの日本銀行文書課員として九年間勤務した。明治三九年には慶応義塾の文学部教授に就任している。玄耳の学んだ時代は、列強が虎視眈々と殖民地獲得の牙を研いでいた時代であった。E・H・ノーマン[5]は、日本における明治期の封建制度から近代国家への変革が、卓抜した武士出身の官僚の指導の下で巧妙に進められてきたことを高く評価している。当時の日本の指導者たちは、財政が苦しいだけでなく、外国の軍事・経済にわたる侵略の脅威の下で活動しなければならなかったが、胡蝶は述べている。

「十九世紀の半ば以来外国の脅威は、軍事的侵略の形でも、また明治初年に開港都市に極めて深い根を下ろした外国資本というはるかに不吉な形でも、日本の上に気味悪い影を投げていたのであった。（中略）その証拠として、一八九九年（明治三二年）まで日本に治外法権が存在したこと、また一九一〇年（明治四三年）までは関税自主権が完全に確立されていなかったことを挙げることができる。ネヘーミアのように、人々は片手に剣を、片手に鏝をもって建設せねばならなかった。完全な国民的独立を達成し、外国による侵入の脅威を永久に回避しようとして、人びとは社会的・政治的改革をはなはだしく犠牲にしながら軍事問題に全力を注がざるをえなかった。」

日本は四方を海に囲まれているという利点を生かして、国家の独立を維持するため、資源を集中して富国強兵、人材の育成に全力を挙げていた。明治三〇年代から、四〇年代に活躍する人材は、多くが当時学校という繭の中で大きな夢を抱き、手探りしながら、西欧先進諸国に伍していくための新しい知識や技術の習得に奮闘していたのでる。「ネヘーミア」というのは、旧約聖書の『ネヘミア記』に出てくる人物で、あらゆる内外の妨害を排除し、城壁を修復して城塞都市エルサレムを完成した人物だとされる。

ところで、玄耳が勉学のために上京した明治二二年から、陸軍法官部理事試補として、熊本の六師団に赴任する明治三一年までの一〇年間について、『文明史の中の明治憲法　この国のかたちと西洋体験』[6]、『伊藤博文　知の政治家』[7]、そして補完的に『歴史年表増補版』[8]等の著作を参考として、「制度の政治家」に加えて、「知の政治家」であったとして、伊藤博文の明治史におけるイメージを変えようとする滝井一博教授の描く伊藤像を辿ってこの時代に至るまでの日本を見てみよう。この時代は、玄耳が専門的な分野について学び、それを武器として世に出るために苦闘した時代であるとともに、近代国家としての日本の成立の過程でもあった。伊藤がこの過程で大きな役割を果たしたことを否定する者はいないが伊藤その人に対する評価は従来比較的冷たいものが多い。伊藤は元々松下村塾においては、吉田松蔭に周旋家と評されており、国家の経綸を差配する立場に立つ者とは思われていなかった。しかし、瀧井一博は、伊藤は師の評価とは異なり、「自らの政治理念を護持しつつ、政治の世界における諸勢力の利害調整に腐心した政略の人」であったとしている。政治家伊藤博文の出発点は、長州藩が国禁を犯して派遣した英国留学生五人の内の一人として選ばれ、一八六三年（文久三年）五月に日本を出発し九月にロンドンに着いた時に始まる。今もロンドン大学のユニバーシティ・カレッジの中庭には彼等長州ファイブの顕彰碑が残されている。この長州ファイブの中でも、伊藤博文と井上馨の二人は、明治史の中でも際立った存在である。二人は、僅か半年の留学途上であるにもかかわらず、ある日のタイムズ紙上で、長州藩の外国船砲撃や薩英戦争の記事を見て大いに驚き、藩の攘夷政策が無益であることを説得するために急遽帰国した。説得は実らなかったものの、イギリス、フランス、オランダ、アメリカなど列強四国との下関での武力衝突に敗北したことによって、伊藤や井上の持つ新しい知見の必要性が改めて認識されたのである。そして、伊藤がこの時示した講和交渉での力量が、藩政における伊藤の地位を高めた。瀧井によれば、伊藤は半年という短い期間であったにもかかわらず、留学中に英語の「基礎的な読書き、会話の素養を磨き、そして何よりも外国人を自らと同じ等身大の人間として見る目」を養い「英語能力に富んだ稀有な政治家」となった。同時に、伊藤は若き日に西欧文明に触れ、その後一貫してそれを吸収し血肉化した。そして、国政を預かる立場に立った時、そのような文明の恩恵を国民に行き渡らせ、文明国として自立させるということを、伊藤の施策の指導原理にした。さらに、伊藤の文明観を、「個人の思想信条とその表現の自由」と「それを秩序付ける制度の存在」の二点に絞り、「実は伊藤にとって、文明とは制度に他ならなかった」としている。伊藤にとっては制度が単にそれぞれの個人の自由を枠付けるだけではなく、そこに調和を与え、より高次の国家活動を実現するためのものであった。そして、この制度に対する信仰が明治の初めから伊藤を衝き動かしていた。伊藤はこの後、新政府において一八六八年（慶応四年・明治元年）一月に外国事務掛、次いで六月に初代兵庫県知事となり、開港された神戸において税関業務や居留地監督として日本外交の最前線を担った。明治と改元されたのはこの年の九月八日であるが、この頃伊藤は任地の姫路藩主酒井忠邦の版籍奉還の建議を支援することにより、既に藩単位の意識を脱却し、天皇を中心とした政権の統一と「国民」の創出の構想を抱いていた。

その後伊藤はアメリカに渡り、アジア諸国で初めての金本位制を採用した新貨条例の成立に貢献した。当時の貨幣制度としては急進的な提案だと見られているが、一両＝一円＝一ドルの関係が成立すれば、両、円の切り替えが円滑になるとの現実的な判断があったとして、その政治家としての先見性を評価している。このように、「現実認識に根差した連続性の重視」は後年の政治家伊藤の基本姿勢だという。さらに、「文明の政治という理想を堅持しつつも、現実の政治的社会的状況を見据えながら、漸進的に改革を進めていくというのが彼の『立法者』としてのスタンスだった」とする。伊藤の強い意向が働いているとされる一八七二年（明治五年）一一月の国立銀行条例も瀧井は同様な観点からこれを見ている。また、伊藤博文は米国から帰国した後、矢継ぎ早の官制改革をみながら、大蔵省の職制改革に関する伊藤の意見書が、実際の改革に全く反映されていないことに対し強い不満を表明していた。さらに、大蔵省が支出した公金について、将来開設される議会において遡って審議に耐えられるよう、きちんとした記録を残すよう強く求めていたとするが、伊藤の評価の上でなかなか興味深いものがある。西洋文明への憧憬から、その精神の日本への適用にやっきとなっていた伊藤が漸進主義へと大きく転身したのは、帰国後直ぐに西欧諸国との条約改正交渉のため、岩倉使節団の副使としてアメリカをはじめ欧米諸国を再訪したことによる影響が大きい。伊藤はその途上、洋行経験のない他の団員の中で、過去の西欧経験を盾に相当羽目を外したようだ。さらに外国人を相手に「日の丸演説」と称せられる日本の文明開化度を誇る演説を行った。この時、新興の大国アメリカは、日本の使節団を大統領をはじめ政府を挙げて歓迎した。感激した伊藤は、国務長官のフィッシュとの接触を通じて、使節団の当初の方針を変更させ、直ちにアメリカと単独で条約改正交渉を行おうとした。しかし、当時ロンドンで政体調査中の木戸孝允から、伊藤はその軽挙妄動を厳しく咎められた。木戸は一国との交渉結果が、他の列強に同じ効果を齎すという意味を熟知していたからである。そして、その結果生じた伊藤と木戸とのぎくしゃくした関係は三年程も続いたという。結果的に、岩倉使節団は方針を元に戻し、別途列強との条約改正会議で事を決することにした。伊藤は木戸の怒りに触れたものの、木戸の政体調査に触発され、改めて自らの目で変動激しい西欧諸国の政体を見極めようとした。木戸の跡を辿り、最後に西欧文化の原点であるローマを視察した後、木戸と西欧諸国の現状に関する共通の認識を得るに至って、木戸との間の修復を求め、木戸もこれを受け入れた。

一八七三年（明治六年）九月一三日使節団は帰国した。そして、使節団が留守であった三年の間に留守政府は、世界の状勢を十分把握しきれないまま、性急な開化政策をとりつつあった。このことは、欧米の国家間の実情をつぶさに観察した岩倉使節団一同の共通認識である漸進主義と強い緊張関係を生むこととなる。それは、明治新政府の発足以来国交を求める日本側の要請を拒否し続けた朝鮮に対する対応を巡って顕在化した。この頃日本は欧米列強の支配を恐れ、これに備えるのに必死であったが、清国・朝鮮の王朝には日本が持つ列強に対する危機感を共有しようとすることはなかった。清国はアロー戦争後の天津条約、北京条約など列強から手酷い侵食を受けながら、近隣諸国に対しては旧来の秩序に拘り、日本の危機感など全く理解していなかったのである。この対応は、やがて日本の列強に対する警戒と共に焦りを生んだ。対露関係から見て、朝鮮半島や中国東北部の持つ戦略的な重要性から、自衛を標榜しその確保を意図する軍の台頭の原因となった。閣議は、征韓派西郷隆盛の遣韓を巡って、太政大臣三条実美が倒れ、執務不能になるほど紛糾した。そして、三条が退いた後、取って代わった岩倉によって結論が逆転し、西郷等征韓派参議が閣外に去ることとなった。この政変の後は、木戸と大久保が指導者として期待された。瀧井一博によれば、征韓論打破のために、二人の間を奔走して取り結ぶことに腐心したのは伊藤博文であった。また、その後の二人の間の微妙な関係の改善に尽くしたのも伊藤であったとしている。これを受けて、木戸は岩倉に伊藤を参議とするよう推薦し、伊藤は参議・工部卿に就任した。その結果、伊藤は政府中枢で力を振るうことになった。参議一同は、政体取調の担当者に伊藤と、寺島宗則の二人を選任した。政体取調とは立憲制度導入の為の調査を意味する。欧米を視察した岩倉使節団の共通の認識は文明国に列するには立憲政体の採用以外にないというものであった。それを代表するのが、木戸・大久保の二つの憲法意見書である。二つの意見書には表面上顕著な違いがあった。木戸のそれは天皇独裁の体系を説き、大久保のそれは、君民共治の体系を説いていた。しかし、その相違は表面的なものだと瀧井は指摘する。そして、二つには共通の基調がありそれは「民主」と「漸進」であるという。政体取調専任となった伊藤が、早速意見を求めた木戸・大久保の二人からは、どちらからも、急激な変動を避けるという漸進主義の思いを伝えられた。伊藤の文明国の理想に向けて漸進的に歩を進めるという考えは、この木戸・大久保との共通の認識に根差しているのである。そしてその文明国とは自由な個人が集まって一つの国民を形成し、協働して国家という制度を担うという国民国家を意味していた。

征韓論や台湾出兵等の問題から、政府中枢が分裂するなどの騒動を経た後、伊藤は大久保と木戸の憲法意見を繋ぎ合わせて漸進的な立憲制度導入論を取りまとめた。それは、当時の混迷した政局を整理する為ともいえる。その結果、その後の政府の方針を固めるために、大久保、木戸、板垣などの有力者が結集し、一八七五年（明治八年）一月に大阪会議が開かれた。結果として、木戸の強力な指導力の下、同年四月に「漸次立憲政体樹立の詔」として結実された。そして、六月には地方官会議、翌七月には元老院が創設された。この大阪会議のお膳立てをしたのが、長州ファイブを代表する伊藤博文と井上馨であった。伊藤の描いた青写真では、それらの元老院や地方官会議は自然と上下院に発展し、国会が成立する筈であった。ところが、伊藤にとって大きな誤算となったのが、いわゆる明治一四年の政変と呼ばれる事件である。この明治一四年の政変というのは、大隈重信が有栖川熾仁親王の手を経て天皇に密かに奏上しようとした、いわゆる政党内閣制の提案から始まった。これは、英国の議院内閣制を基本とする、選挙で多数を獲得した政党が内閣を組織するというものである。これをいち早く入手した岩倉の意を受けて井上毅がこれに対抗する立憲構想を岩倉憲法意見書として取り纏めた。この構想は綿密な調査を基礎とし、超然的君主権を中心に据えたプロイセン型の欽定憲法体制を骨格としたものであった。

井上毅《いのうえこわし》は熊本藩の武士の家に生まれた。藩校の時習館に学んだが、その先達であり、後に福井藩の松平春嶽に招かれ、その政治顧問として藩政改革に腕を振った同じ熊本藩の塾頭横井小楠に師事した。長崎遊学後、江戸に出て開成学校に学んだ。時習館は熊本藩の藩校で、細川重賢が朱子学を学風とする文武両道の講学を目的として宝暦五年（一七五五年）に開学した。上述の二人の他、元田永孚、佐々友房、北里柴三郎などが学んだ。井上毅はフランス語に堪能で、司法省に出仕後、西欧視察団に参加した。フランスの司法制度を中心に西欧の司法制度全般に亘って研究し、大久保利通、岩倉具視に重用されたが、明治一四年の政変以降は伊藤博文のブレーンとして憲法制定に深く関与し、影の起草者といわれた。井上は、他にも同学の元田永孚と共に教育勅語の制定に深く関わり、第一次伊藤内閣では法制局長官、第二次伊藤内閣では文部大臣を務めた。官僚時代の草稿類や外国人顧問との問答集等は国学院大学図書館に寄贈され「梧陰文庫」として収蔵されている。ところで、伊藤博文・井上毅ら漸進主義を基本とする、政府主流派の意図する憲法体制にとって、大隈重信の提唱する英国型の議院内閣制は、国民が政治的に成熟していない段階では受け容れ難いものであった。その主唱者である大隈は、自由民権運動の象徴的存在でもあり、政府からの追放が課題となった。たまたま同じ頃、当時参議の黒田清隆が、北海道開拓使官有物を、同じ薩摩出身で旧知の五代友厚傘下の民間会社に、破格の条件で払下げることが暴露され、自由民権運動の火の手に油を注ぐこととなった。そこで、政府は直ちにこの払下げを中止する一方、払下げに反対でそれを阻止するために、新聞にその情報を暴露したとされる大隈重信を、天皇の行幸に随行中にもかかわらず追放することを決定した。そしてその翌日には、いち早く明治二三年の国会開設を公約して世論の鎮静化を図った。このことで結果的に国会開設と憲法制定にタイムリミットが設定されたこととなり、立憲化は国家第一の政策課題となった。伊藤は政変の翌年の明治一五年（一八八二年）に、「欧州立憲の各国に至り其政府又は碩学の士と相接し其組織及び実際の情形に至るまで観察」という勅命を受けて、憲法調査のため渡欧することとなった。既に、民権派の大隈重信らの憲法草案も公表されており、岩倉の憲法意見書も出ていたため、伊藤博文たちが改めて憲法調査のためにドイツに派遣されることとなった時には実務家を派遣すれば足りるなどの異論も多かった。しかし、伊藤にとっては、今回の調査は違った意味を持っていた。当時の若い指導者達の多くには、国際社会では「万国公法」という確固としたルールが支配しているものと信じられてきた。しかし、伊藤のように、度々外国に出ていると、次第に国際社会が生々しい力の世界である事を知ることになった。そして、開国の際に体験した列強の恐ろしさを見て、皆同じに見えていた国々が、それぞれ異なる成り立ちを持っていて、国の形も仕組みも異なっていることを知った。そのため、改めて国の運営についての問題点を、現実に即して確認する必要があったのである。伊藤はヨーロッパやアメリカの現実を目の当たりにして、日本がどのような立場にあるかをはっきりと自覚していた。これらの国と対等に渡り合っていく国の形を早急に整えるには、国民が政治的に成熟していない段階では、英国型の議院内閣制よりも意思決定が早いと思われるプロイセン型立憲君主制の方が現実的であると判断したのであろう。その為には、それぞれの国についてその運営の実態を詳細に見極め、日本の国を円滑に運営していくために、何を原則としてその骨格を決めていくのかについて、明確な構想を確立する必要があった。伊藤は立憲指導者としての木戸、大久保のそれぞれから憲法に係る意見書を託され、その正統な後継者を自任していた。したがって、岩倉・井上毅一派が、一四年政変で勝利して、大隈・小野梓一派を追放し、主導権を握ったかに見える状態から脱して、自らが指導者として立憲体制を円滑に運営していくには、何をなすべきかを確認する必要があった。傀儡となってしまうことは避けたい伊藤にとって、新しい憲法体制を、実際に即して運営ていくノウハウを獲得するための調査であるといえた。そして、伊藤は前回の調査に比べると遥かに地味な調査団を組織したが、憲法、皇帝、議会、行政、地方行政、官僚制度などの現実をベルリンのグナイストやその弟子のモッセ、ウィーンのシュタイン等の指導の下に確りと細かく観察した。この調査活動を経て、伊藤博文は憲法を生かすための行政法の整備の必要や君主、議会、官僚の役割をしっかりと確かめ、日本における憲法体制を確立する先導役・中心的指導者としても自信を持った。特に、ウイーン大学のシュタインから受けた講義を通じて、憲法が動かせない絶対的なものではなく国家の政治体制を維持していくための枠組みの一つだと認識することができたのは、大きな収穫だと感じていた。「憲法は一片の紙切れに過ぎない」との認識を伊藤が持っていたと瀧井一博は指摘している。シュタインという師を得て、その国家学を学ぶことにより、憲法というものが、国家を統治する上での制度の一つに過ぎないものとして見直す視点を獲得しえたことにより、大隈・岩倉二派の上に立ち、立憲指導者としてのリーダーシップを回復する自信を得たのである。当時の指導者達は、伊藤だけではなく、かなり柔軟な考えを持つ者も少なくなかった。例えば、福沢諭吉はその著書『文明論之概略』の「文明の本旨を論ず」の中で、「すべて世の政府は、ただ便利のために設けたるものなり。国の文明に便利なるものなれば、政府の体裁は立君にても、共和にてもその名を問わずしてその実を取るべし。」としている。(9)

明治一六年八月に伊藤博文はドイツから帰国すると、直ちに立憲制度導入の準備に取りかかった。伊藤の描いた構想に沿って翌年の明治一七年三月には、宮中に制度取調局が設置され、伊藤がその長官に収まり、憲法・皇室典範の起草に着手した。また、同時に国家財政の基礎となる地租条例を制定した。五月には地方の統制を強化するため、区長・村会法を改正し、区戸長・県令の権限を強化した。しかも、戸長の公選制を官選制に改めた。七月には華族令を定め、華族である旧支配勢力を自陣に取込んだ。藩閥解体のために錦の御旗を利用してきたが、その背後にある宮廷勢力に立憲制度構築に当って容喙されるのを防ぐ措置を講じた。さらに、天皇を他の勢力に利用されることがないように、枢密院を設置して伊藤はそのトップに座る。天皇の権力の行使が憲法秩序のなかで行われるよう、枢密院による輔弼を名目として、政府と無関係に天皇の権力が行使できないような制度としたのである。瀧井一博が、伊藤を「知の政治家」とする理由は、伊藤が、シュタインの行政学を学んだことによって、国家の組織を支えていくには、「大学で生産される知と知識人」があって初めて可能になると確信し、それに見合う体制を整えたことによる。即ち、今後の日本の国家体制を確立するためには、知と官僚養成機関である大学の整備が絶対必要なものであるとの明確な認識を持って、学制の整備と帝国大学体制の確立を図ったことを評価してのことである。形式的にはシュタインの説く「国制知」を政体の基礎として認識したことである。これはずっと後のことになるが、この近代日本建設の立役者伊藤博文も、明治四二年一〇月二六日には朝鮮人民族主義者安重根の襲撃を受けて落命することになる。当時伊藤博文が投宿した大連の大和ホテルを引き継いで営業している中国のホテル「大連賓館」の喫茶店「大和」には、今なお、暗殺されることになったハルピンに向かう前に、伊藤がお茶を飲んだといわれる席が残されている。また、ハルピンの駅のホームには伊藤博文と安重根の立ち位置が足跡をかたどって残されている。伊藤は自分を襲った者が朝鮮人だと聞いて「馬鹿な奴」と呟いたと伝えられている。当時伊藤は、列強、殊にロシアの南下政策には大きな脅威を感じており、その支配が朝鮮半島に及ぶことを極度に恐れていた。当時の朝鮮王朝は清国冊封体制の下で、清国の威を借りて日本に対していた。それを見た伊藤は朝鮮がその時点の国際環境下では自立できる能力はないと判断し、自国の安全の為には、自ら支配するしかないと考えたのであろう。木村幹は、当時のアジアの情勢を「アジア諸国と列強の力の差は歴然としており、その状況を放置すれば植民地化が始まることは火を見るより明らかだった。」(10)としており、漸進主義を政策の基本としている伊藤は、環境が整えば何れ独立を認めようとの気持ちを持っており、それが言葉になったのかも知れない。しかし、列強の一角に割り込もうとする軍部の勢力が育ち始めていた日本で、それが可能であったかは定かではない。ところで、この伊藤の朝鮮訪問は、東京朝日で活躍中の漱石や玄耳の朝鮮取材の時期と前後したが、その中で、漱石の帰国した船に纏わる伊藤との因縁めいた話が残されている。森田一雄によれば、この頃漱石は「満韓ところどころ」を東西朝日に連載中で、今回の旅行では、漱石は南満州鉄道会社の総裁だった親友中村是公の手配で満州各地を回っていた。中村（柴野）是公とは漱石が塩原姓を名乗っていた第一高等中学校予科二級の時に共に落第した仲間である。そしてまた、玄耳も記者として漱石と同時に満州朝鮮を回っていた。玄耳が帰国した後も、漱石は京城に二週間ほど滞在していたが、明治四二年一〇月一三日に釜山港から、大阪商船の「鉄嶺丸」で離れ、翌日の一四日に下関港に到着した。伊藤博文はこの折り返しの船で釜山から大連を経由してハルピンに向かったというのである。漱石より先に帰国していた玄耳は、伊藤の国葬が行われた一月五日から二四回にわたる連載で「恐ろしい朝鮮」を東西朝日に連載した。森田一雄は、玄耳がここで、日本の官民による抑圧によって、朝鮮人民の受けた屈辱、苦痛、悲哀をつぶさに伝え、本当に恐ろしいのは日本の官民の無知と横暴であると指摘していると記している。さて、引き続きこの頃の社会の変化を見ていくと、色川大吉の『近代国家の出発』(11)が指摘するように、伊藤博文が主導した上述の一連の施策は次第に国のありようを変えていった。そして、農村部でも初等教育が浸透するとともに、地租改正によって貨幣経済が農村を大きく変えていった。天災や不況によって余儀なく土地を離れた農民を吸収するめぼしい産業は無く、多くの若者が都会を目指した。特に東京は、「書生と車夫」「古着屋と古道具屋」の街といわれるようになった。色川大吉は伊藤が地方の不安定化に対して地方制度を整備するとともに、天皇の行幸を繰り返し、天皇の権威を利用して、地方の有力者を囲い込んで、安定化を図ろうと努力したことを取り上げ、前後八八回にも及んだ天皇巡幸が明治一〇年代に集中しているのには大きな意味があるとしている。

2　時代の変革期

玄耳の学んだ時代は時代の変革期であり、国の仕組みも大きく変わったが、社会的にも著しい変化が生じた。伊藤博文は明治一八年一二月二二日に第一次伊藤内閣を組織するが、組閣と同時に太政官制を廃止し、内閣制度を創設して内閣職権を制定した。また、宮中に内大臣を置き、宮中顧問官を設置して天皇の権限の行使も内閣の関与の中で行われるシステムを準備した。そして、内閣に法制局を置き法令の審査・立案を行わせた。地方官制も整備し府知事・県令の名称を知事に統一した。そして、翌年の明治一九年二月には「公文式」を公布して、法律、勅令の公布の手続き、施行期限や閣令、政令や省令の制定権の根拠などを定め、内閣の関知しない権力の行使が行われないよう配慮した。特に法律や勅令は内閣が起草し、天皇の裁可を得た後、内閣総理大臣が年月日を記入して主任大臣と共に副書するように定めた。しかし、日清・日露の勝利で力をつけると、軍部は天皇の「統帥権」の概念を恣に拡張し、内閣に無断で天皇の裁可を得る道を開いた。そこで、これに対抗するため、政府は内閣制度を改革し、明治四〇年に「公式令」を制定して、全ての法律・勅令に総理大臣が副書することとして軍部の独走を避ける措置をとったが、戦勝で勢いをえた軍は「軍令」制度を認めさせてこれを凌ぎ結局これが後に軍部の独走を制度的に支える役割を果たすこととなったのである。この「軍令」は、本来軍の最高司令官である天皇に、軍が軍事上の指揮命令を直接上奏して裁可を得る、いわゆる「帷幄上奏」に関するものであるが、本来行政に属し、内閣の発議によるべき「軍制」についても、内閣の議を経ずに軍が独自に行使する制度として認めさせたものである。また、伊藤は内閣制度の創設に伴い、明治一九年には文部を含む九省を定め森有礼を文部大臣に任命し、帝国大学令の公布を初めとする学制改革が明確な形となった。司亮一(12)によれば、伊藤博文は、明治一七年に森有礼を文部省に送り込んでいたが、森有礼が文部大臣に就任すると、九鬼隆一と文部省の覇権を争うこととなった。九鬼はこの争いに敗れ、文部省の九鬼か九鬼の文部省かといわれた権力の座から、駐米特命全権公使として、体よく追い払われた。これを契機として、初代文部大臣に任じられた森有礼による教育制度の改革が目覚しく進められた。森有礼は教育制度改革の手始めとして、帝国大学を頂点とする学制改革を断行した。国家による教育の統制強化を明確にしたのである。明治一九年三月一日には帝国大学令、四月には師範学校令、中学校令、小学校令を公布した。これと同時に、東京大学を帝国大学に、東京大学予備門を第一高等中学校、大阪に置かれていた大学分校を第三高等中学校と改称した。筆者が偶々大阪のJA会館を訪れた時に、そこに入居していた組織の責任者の一人から、ここに第三高等中学校があったと聞かされたのを覚えている。翌明治二〇年の四月には仙台に第二高等中学校、金沢に第四高等中学校が、そして五月には後に漱石も教鞭をとることとなった第五高等中学校が熊本に開設された。この帝国大学令によって、学歴と官僚の関係が明確にされた。その背景には複雑化する行政需要に対して、専門的な知識を持つ官僚が必要であったほか、官僚の採用や昇進に情実の入る余地を排除する意図があったともいう。菊池信太郎は、東京大学大学院教育学研究室紀要(13)の中で、梧陰と号した井上毅の関係文書である「梧陰文庫」の研究の結果、明治の官僚制度の研究においては、従来プロイセンの影響だけが論じられてきたが、イギリスやフランス、アメリカなどの任用制度も参酌されたとしている。一方、私立学校については、同じ明治一九年四月一〇日勅令一六号で諸学校通則を定め、専門学校についても統制を強化した。特に法学教育に関しては、条約改正の大きな障害の一つとなっていた裁判制度の整備のため、明治一七年一二月二六日に「判検事登用規則」を定めていたが、司法省法学校、東京大学法学部の卒業生だけでは判検事・弁護士を確保できないため、私立の法律専門学校を教育体系に取り込まざるを得ない状況となっていた。明治一九年に「裁判所官制」を敷いてからは特に法曹の養成が急務となり、政府は明治一九年八月二五日に全八条から成る「私立法律学校特別監督条規」を制定し、適当な私立学校を選んで帝国大学総長の監督下におき、国家の統制を及ぼすことにしたのである。明治維新以降様々な人材が様々なコースを辿って国造りに参画してきたが、この帝国大学令の公布以降、国家の枢要の地位を占めるエリートを国自ら養成する方針を明確にした。この年明治一九年の法学協会雑誌第五四号では、大学の選科生は学力に相当幅があり、法科大学の試験を厳しくしたら、一名しか入学できなかったと批判する記事を掲載している。これまで、地方の教育制度が未だ充実していなかったため、東京大学は自ら中等教育を行わざるを得ず、大学予備門を開設した。この予備門は、明治一九年四月に第一高等中学校に再編されるまで続いた。素質はあっても、大学教育を受けるに十分な学力を有しない学生が全国から集まってきていた。大学が選科制度を設けたのは「予備門→後の高等中学校・高等学校→大学」へのラインから外れた学歴の者のためだったといわれている。大学令の公布とともに、選科生の進級も厳しくなった。上記の法学協会雑誌では、従来その年次の科目に不合格の科目があっても、翌年次の科目の選択が許されたが、一科目でも不合格があると、翌年次の科目の選択は許さないという大学の方針についても書き記している。前にも紹介した様に、E・H・ノーマンは、この時代の教育を、『日本における近代国家の成立』の中で、述べている。

「これと同時に、教育制度の改革が行われたが、それは政府の政治思想をよく表わしている。一八八〇年に初等および中等学校の絶対的国家統制が確立された。翌年日本の高等教育の中心である東京大学（後の東京帝国大学）が官僚の養成機関となるように改組された。この改革によって帝国大学の全職員は政府の管理下に置かれ、官吏としての制限と責任に従い、官僚としての身分を与えられた。従来の大学の自由なむしろ独立部門的な組織は、いまや総長が実権を握る厳格な集権的支配に変わり、その総長は天皇に直接責任を負う文部大臣にのみ答申の義務をもつことになった。こうして教授たちは、もう本来の学者ではなく政府官吏となり、その資格において政府に対し改めて誓約を立てなければならなくなった。この教育改革の一部は専制政治の戦士で、当時総理（総長）に再任した加藤弘之の監督のもとにおこなわれた。これからのち、東京大学の教育的・学問的雰囲気が、寡頭支配勢力の思想に密着したことは疑うべくもない。」

ただ、帝国大学令や、師範学校令、小学校令、中学校令の公布は明治一九年であるから、一八八〇年という記述は、一八八六年の誤植ではないかと思われる。ところで、これに類した当時の外部の評価に対して、帝国大学総長加藤弘之は『帝国大学一覧』を公刊し、新聞「日本」に意見を寄せ、卒業生の進路を統計的に示して、官吏の養成所ではないと反論を試みている。しかし直ぐに新聞「日本」には、大学令第一条や設立の経緯から見て官吏の養成所といわれるのは当然ではないか、学者の面目にこだわってあれこれ悩む必要はないのではないかという投書がある一方、加藤博士の主張には無理があり、卒業生の八割は官途を目指している。それよりも帝国大学卒業生といえども登用試験を受けさせるべきである。そうであれば官吏養成所といわれても頓着する必要はない。年々歳々法政両科の学生が増えるのを見ていると、官吏養成所ではない、特例を設けているためではないなどといっても誰が信じるものかというような投書もあった。これらの意見は後に高等文官試験制度に取り入れられることとなり、官吏になるためには帝国大学卒業生といえども試験を受けなければならなくなるのである。

江藤淳は『漱石とその時代』[14]の中で、漱石が大学の予備門に入学した明治一七年の九月頃を次のように述べている。この頃は予備門四年、大学四年という制度であった。明治一八年に予備門が東京大学から文部省に管轄を移され、同時に東京法学校の予科と、東京外国語学校の仏語科・独語科の生徒が予備門に吸収された。ところが、同じ東京外国語学校の生徒でありながら、ロシア語科・清国語科・韓国語科の生徒は、東京商業学校（現一橋大学）に編入された。この中に、ロシア語科の学生で、後に玄耳と「東京朝日」で職場を共にすることとなる長谷川辰之助（二葉亭四迷）がいた。尾張藩の旧藩士の子であった四迷は、この措置に「丁稚学校」に編入されたと憤慨して退校届けを学校に叩きつけて家に帰ってきたという。

明治一九年三月の帝国大学令の施行によって、予備門は更に工科大学予科を加えて、第一高等中学校に改変される。この時、高等中学校五年、大学三年という制度に変わった。玄耳が東京法学院に学んでいた頃、玄耳の生涯に大きな影響を与えた漱石と子規は第一高等中学校を卒業し、明治二三年の九月に、東京帝国大学文科大学英文学科と哲学科へそれぞれ進学した。漱石が大学を卒業したのは玄耳が東京法学院を卒業した翌年の明治二六年七月である。引き続き大学院に席を置き、寄宿舎に入った。子規は玄耳が卒業した年の明治二五年一二月一日に、俳論や歌論の構築に専念するため、新聞「日本」に入社し、健康上の理由から大学は退学した。そして、母妹と共に叔父である加藤恒忠の親しい知人である、社主兼主筆の陸羯南の家の離れに転げ込んだ。玄耳が東京法学院に入学した明治二二年の憲法発布は、近代日本の形成過程で形式的な意味での出発点であり、そしてそれは、伊藤博文が憲法の試験期間とした一〇年の始まりでもあった。しかし国民は社会の激しい変化に大きな不安を感じていた。それは事件として表面化した。憲法発布の日に起こった文部大臣森有礼の暗殺がその一つである。社会の変化に伴う不安の中で、神道や皇室に対する畏敬の念が益々高揚し、さらに過剰な反応を引起したケースともいえる。政治の世界では、帝国憲法の発布に引続いて、翌二三年には帝国議会開設とそれに前後して地方組織も整備され、近代国家の基本的な枠組みが出来上がった。これを支える官僚組織も用意された。この官僚組織を担う若い官僚達も帝国大学体制の下で生み出され始めていた。明治四年七月の廃藩置県によって幕藩体制が廃止された後、農民一揆などに代表される地方の混乱が続いた。しかし、玄耳が上京する前後から日本は地方も含めてようやく近代国家成立の過程に入った。明治二一年四月の市制・町村制の公布に続き、同じく明治二三年五月の府県制・郡制の公布など地方制度の整備で概ね収まった。富裕農民や商工業者の政治参加の仕組みが整ったのである。これによって、中央政府の施策が新しい組織や制度を通じて近代国家日本の隅々まで流されるルートが出来上がったということもできる。帝国議会に先立って整備された府県会・市町村会については、直接国税二円以上の納付者から構成された。町村長はその中から選ばれ、無給の名誉職とされた。府県知事や、郡長は官選であった。貴族院は華族間の互選、多額納税者間の選挙、勅選による任命とからなっていた。議長には伊藤博文が親任された。ようやく国の骨格が整い、これに血や肉をつけていく必要があった。松本三之助の『強国をめざして』(15)によると、明治二三年七月一日には第一回の総選挙が行われたが、有権者は満年齢二五歳以上の日本臣民の男子で直接税一五円以上を納める者に限られた。また、選挙区内に一年以上本籍を置いて居住していることが条件とされた。被選挙権も同様に、三〇歳以上の男子で、その選挙区で一五円以上の直接国税を収めていることが求められた。そして、兼職を禁止されたのは、官吏のうち宮内官、裁判官、会計検査官、収税官、警察官であり、神官、僧侶、牧師などの宗教家、現役軍人などであった。現役軍人は投票も認められなかった。第一回の総選挙が行われたのは、黒田清隆内閣の下であった。選挙する側もされる側も初めての経験であったが、概して生真面目に取り組まれたようだ。結果は、反政府側の立憲自由党一三〇名、立憲改進党四一名に対し、与党側と目される大成会七九名、国民自由党五名、それに無所属が四五名であった。中江兆民は反政府側を民党、与党側を吏党と名付けたが、この呼称はたちまち一般に普及した。発足後二〇年足らずの明治政府にとって、当面の外交上の最大の課題は不平等条約の改定問題であった。大隈重信の条約改定問題に関する論評が、ロンドンタイムズに掲載され、明治二二年六月二日付の新聞「日本」にその論評が訳載されたが、それを読んだ人々の間に条約改定反対運動が高まった。遂には玄洋社社員に、大隈が襲われるという物騒な事件が発生した。

玄耳が東京法学院に入学したての明治二二年一〇月一九日の新聞「日本」の紙面によると、前日、外務大臣大隈伯が閣議の終わった後、霞ヶ関の外務省の正面玄関を出たところでモーニングを着て山高帽を被り、手に洋傘を持った紳士に出迎えられた。誰も怪しまなかったが、その紳士は突然大隈伯に対して爆弾を投げつけたという。その男は、玄洋社の社員である福岡県士族の来島常喜という二八～九歳の男で、その場で自刃した。大隈伯は玄耳と同郷で、福岡のお隣佐賀県出身である。この「玄洋社」は、明治一四年に福岡藩士を中心に結成された団体で、孫文の神戸での演説に語源を持つという「大アジア主義」を標榜し、孫文をはじめ金玉均やボース、アギナルドなど、広く中国、朝鮮、印度、フィリッピンなどアジアの国々の独立運動などを支援した。頭山満など近代史に名を残す多くの社員を抱えていた。国内では軍部に強い影響力を持ち、日清、日露、第二次世界大戦などの情報収集や裏工作に関与したとされている。日露戦争で革命派に資金援助するなど、ロシアの後方撹乱工作に活躍して、日本を勝利に導いたとされる明石元二郎大佐もその社員であった。明石は後に陸軍大将となり、台湾総督も務めた。また、玄洋社は「福陵新報」という機関紙を発行していたが、後に「九州日報」、「福岡日日新聞」を経て、現在の「西日本新聞」となった。さて、大隈重信が遭難したことによって黒田内閣が総辞職し、山県有朋が組閣することとなった。しかし、この勢力関係から見て、政府側の議会運営は当初から困難を極めた。山県首相は解散の詔書を常にポケットに入れて議会に臨んだという。特に軍事費が殆どを占めていた予算案は予算委員会によって大幅カットの査定を受けた。しかも、この混乱の最中の明治二四年一月二〇日の明け方、議事堂が焼失するという不測の事件が発生した。仮議場は貴族院が鹿鳴館、後には帝国ホテル、衆議院は虎ノ門の旧工部大学校の講堂が当てられた。混乱はなおも続いたが政府側は土佐派の議員数十名を懐柔してやっと乗り切った。大きな混乱の下でやっと乗り切った第一回議会であったが、疲れ切った山県が首相の椅子を投げ出したため、松方正義がこれを引継いだ。第二回の議会は明治二四年一一月二六日に開催された。しかし、議会は政府の重点施策である軍艦建造費や、製鋼所の設置費を丸ごと削減した。これを怒った海軍大臣樺山資紀の薩長藩閥の功績を礼賛する、いわゆる「蛮勇演説」が政府に対する民党の反感を一層募らせた。結局、民党は政府が前月一〇月二八日に襲った濃尾大震災の復興のために使用する予備費の執行に対して臨時議会招集を要求するなど議会は大混乱となった。政府はこれに対して、玄耳が東京法学院を卒業した明治二五年も押詰った一二月二五日に議会の解散という非常手段に出た。第一、第二議会で民党に散々苦しめられた政府は、議会解散後の総選挙において民党を組織的に弾圧する手段に出た。総指揮は内務大臣の品川弥二郎と内務次官白根専一がとり、民党を代表する大隈重信の出身地佐賀と板垣退助の出身地高知ではとりわけ激しい弾圧が行われた。これがいわゆる「血の選挙大干渉」と伝えられるものである。例えば高知では、吏党の選挙事務所のある地区で、民党の候補者が演説していると、暴徒数十名が凶器を以てこれを襲い弁士を刺殺しても立会の警察官はこれを黙殺して、結局この犯人は出て来なかった等というのが代表的な事例である。一方佐賀では、似たような政府の弾圧を受けて、政府の役人だと聞くと車にも乗せず、宿屋でも宿泊を拒ばむというような状況であったという。政府側の激しい弾圧にもかかわらず、総選挙の結果は、吏党一三〇～一四〇名に対して、民党側は一六〇～一七〇名の議員を獲得した。この結果、第三議会でこの選挙干渉が問題となり、内務大臣品川弥二郎は引責辞任したが、松方内閣自体もその年、明治二五年七月三〇日に総辞職する羽目に至った。玄耳はこの松方内閣の総辞職直前に東京法学院を卒業している。松方正義辞任の後は伊藤博文が元勲の入閣を条件に引継いだが、その後も予算審議をめぐる吏党、民党の対立は続いた。しかし、勅裁によって、貴族院による予算の復活修正が認められた。それでも、一一月二五日に開催された第四議会では、二六年早々に衆議院は軍艦建造費を否決、内閣弾劾決議案の上奏を巡って混乱した。この事態を打開するため、皇室は内廷費を建艦補助のために六年間下賜すること決定、この期間は文武官も俸給の一割を納付することを命じる詔書が発せられた。議会も建艦を認める予算の修正案を議決した。(16)

この時代、日本の経済にとっても多難な時期となった。政府主導の殖産興業の下で、最初の大恐慌に見舞われたのである。公債や株式の大暴落に加えて、米の大凶作が追い打ちをかけた。玄耳が東京法学院に入学した明治二二年の暮から始まった景気の後退は、大凶作によって米穀類の高騰と、翌明治二三年の鉄、石炭、綿糸、絹糸の大暴落により企業経営はさらに大きな打撃を受けた。倒産する企業が続出したが、特に影響が大きかったのは、日本資本主義を代表する紡績業であった。一方社会資本の充実は、民生の充実というより、背後にある、列強の脅威に備えるために物資や軍隊の移動に必要な役割を果たすという意味で、殖産興業や軍事的にも重要な国内の鉄道や港湾の整備が重点的に行われた。明治二二年四月一六日には、静岡・浜松間の鉄道が開通し新橋・長浜間が全通した。七月一日には東海道全線が開通して新橋、神戸間に毎日一往復が運転された。また、明治二三年に施行される予定となっていた民法典が商法と共に施行延期となるという、いわゆる民法典論争も社会的な関心を呼んだ。穂積陳重の弟、穂積八束の「民法出テ、忠孝亡フ」が、玄耳の母校東京法学院の機関誌『法学新報』第五号（明治二四年八月二五日発行）に掲載されたのもこの頃である。同じ二四年の正月早々には「教育勅語」の発布に伴う第一高等中学校の不敬事件も社会的に大きな話題となった。同校の教授であった内村鑑三が始業式において教育勅語に礼拝しなかったことが問題化し、改めて礼拝する等としていたが、結局教授の地位を辞する結果となった。二四年の初めには足尾銅山の鉱毒によって渡良瀬川流域で多数の魚類が死滅し大きな社会問題となった。そのほか、暮れに初めてのインフルエンザが東京で流行した。また、三月八日に開堂したニコライ堂の鐘について、音がうるさいという投書が新聞「日本」に寄せられたのもご愛敬というべきであろうか。更に五月一一日には大津事件が発生した。日本訪問中のロシアの皇太子ニコライが、滋賀県の守山警察署の巡査津田三蔵に襲われる事件があり、国を挙げての大騒動となった。当日路傍に配置された津田三蔵が刀を振るって皇太子の横額を横に三寸ほど切りつけたが、皇太子がしっかりしていたので、供の者が包帯をして取り敢えず県庁へ難を避けた。皇室では事件発生を受けて、大国ロシアに対する配慮もあり、重臣を集め緊急の御前会議を開き対応を協議した。早速、天皇のご名代として北白川宮が高木軍医総監、池田侍医ほか宮内庁の役人を連れて西下した。そして、陛下ご自身も当時西京と呼ばれていた京都に行幸されることとなった。犯人の津田三蔵は伊賀の国上野の藩士で、明治一〇年の役に陸軍曹長として参戦し、軍功があって勲七等に叙せられていた。その後巡査となったが、年は四〇歳位で、しばしば精神錯乱の状態に陥ったと記されている。この叙勲は事件後取り消された。この事件では、ロシア皇太子の傷が比較的軽く、ロシア側が日本の誠実な対応を評価したことから無事に収まった。しかし、大国ロシアの意向如何は、日本にとって国の存亡に関わるもので、国全体が緊張を強いられた事件であった。二四年の秋には玄耳も最終学年に入っていたが、未曾有の天災も直撃した。明治二四年一〇月二八日の濃尾大震災である。岐阜県下の大垣周辺が震源地のこの地震は、愛知・岐阜・福井の三県に甚大な被害を齎した。前掲松本三之介の著書が引用する『明治大地震見聞録』によると、震源地となった岐阜県下では家屋の全壊は一四二、一〇〇余戸にも達し、死者の数は七、三〇〇余人にもなった[17]。そして、当時、次第に内外の行き来が盛んになったこともあり、現在でも明治村にその一部が遺構として残されているが、一一月には日本の代表的なホテルの一つである帝国ホテルが開業する。このホテルは議事堂が焼失した後に一時期貴族院が間借りすることになる。そして、また、この年の暮れから翌年の二五年にかけて各地で米騒動も頻発した。

明治二五年、玄耳はこの年七月東京法学院を卒業することになるが、玄耳の学校が丸焼けとなる神田の大火災が発生した。四月一二日付新聞「日本」の雑報「大火餘聞」によると、四月一〇日未明に猿楽町に発した火は、瞬く間に小川町に出て三つに分かれた。一つは神保町を焼き尽くし、一つは猿楽町北側から小川町北側を経て向かい側に移り、錦町一丁目から美土代町で他の火の帯と合流した。他の一つは小川町南側から玄耳の通う東京法学院、神田区役所を焼き錦町二丁目が灰燼に帰した。これが今回の大火の本流で、あちこちに飛び火し、大きな流れとなって、東南に進んだ。東神田に入って二手に分かれ、新石町、鎌倉町、蝋燭町、竪大工町、松下町、永富町、千代田町、旭町、上白壁町、塗師町、皆川町、鍛治町を焼き払ったが、今川橋で止まった。その後日本橋に飛び火し、本石町、本銀町を焼き払ってやっと止った。全焼が四、〇五〇戸にも達し、焼死者が二四人も出た。またこの年、関東を中心に天然痘が流行した。そのほか年の暮れも押し迫ってから熊野灘で漁船三八艘が暴風のため沈没し、五〇〇人が溺死したという事件も起こっている。

玄耳が東京法学院で学び始めた頃、対外関係も複雑さを増していた。列強に加えて清国が周辺国、殊に日本に対して圧力を高めていた。清国は、明治二一年には丁汝昌を提督とする北洋艦隊を編成し、示威の為明治二四年七月半ばに横浜港を訪問した。当時の極東の情勢を見ると、列強も内心「眠れる獅子」清の力を警戒しており、迂闊に手を出すことはなかったが、国境周辺では隙あらばと利権の獲得に動いていた。特に、ロシア帝国は冬場軍港が凍結して使えないため、不凍港確保のため清国東北部や朝鮮半島を虎視眈々と窺っていた。また、ロシアがフランスからの借款を実現し、シベリア鉄道敷設の可能性が現実のものとなることによって、中国における英国の権益侵食への恐れを生じさせ、新たな状況を生み出し始めていた。その頃、未だかって国土を外国に蹂躙されたことのなかった日本は、列強との争いによる敗北の結果結ばされた不平等条約に大きな衝撃を受けていた。この条約を改訂し、列強と対等な地位を回復するために国を挙げて奮闘していたのである。そして、その過程で、列強の清国、朝鮮を含むアジア全体への野心を感じ取り日本への脅威の増大は計り知れないものがあると焦っていた。いうまでもなく、当時の日本の外交に関しては、最大の課題は不平等条約の改正問題であった。それは関税自主権と領事裁判権の問題が実質的な内容となっていた。加えて、その背後には前述のような欧米列強による日本を含め周辺諸国の植民地化の脅威への対処の問題があった。当時日本を含むアジア各国が列強や清国の強い影響力の下にあった。しかも日本に隣接する伝統的な覇権主義国家清国と、冊封国としてその権威に従う朝鮮王朝は近代に至っても

ＮＨＫで放映された韓国のＴＶドラマ「イ・サン」の中で表現される中国・朝鮮の関係の範囲を出ることはなかった。そして、中国が朝鮮の問題を、日本が身近に感じている列強の脅威等と関連して理解しているのか疑問であった。それは、列強との当面の対応に追われて、自らが置かれている国際的な環境を中国政府自身が理解できなかったということもできる。或いは自他共に清国が保持していると信じていた強大な力が、欧州における産業革命などを経てすっかり陳腐化してしまったことへの自覚がなかったのかも知れない。日本は列強の脅威に備える前にこれらの国々との関係を調整する必要に迫られていた。この時期日本は、欧米列強の脅威から免れるために、国を挙げて富国強兵に最大の努力を集中していた。従って、永い国交の歴史のある隣国は当面の脅威としては意識していなかった。だが、その清国や朝鮮の王朝と政府は、最近列強の武力の強大さを身を以て知った島国日本の指導者達の独立を守るための必死の思いを知ることはなかった。特に、列強の一角ロシアが不凍港を確保するため、中国東北部や朝鮮半島に対して有する野心に強い警戒心持っていてシベリア鉄道の延伸にも極度に神経を尖らせていることなど思いも及ばなかった。その為に、日本が万が一の事態に備え、国力の全てを投じて軍や産業の近代化に努力していたとしても、小国日本の力などまるで意にも介していなかったのであろう。その頃の中国や朝鮮の政府は、日本の指導者達の間で、征韓論に代表されるように、日本が生き残るためには、隣国と協力するか、隣国がこれに応じない場合は、最低限朝鮮半島の支配の必要性まで検討されているとは想像だにしていなかったに違いない。それは領土的野心としてではなかった。当時の朝鮮や中国の政府が、日本と危機感を共有し、ともに列強に当たろうとしていたならまた違った世界が開けていたに違いない。何故なら、当時の日本の指導者達には朝鮮半島の支配は経済的な価値よりも、植民地経営の負担の方が遥かに大きいと考える人達も少なくなかったからである。中国正史に描かれた日本の姿を解説する『倭国伝』（全訳注　藤堂明保・竹田晃・影山輝國　講談社学術文庫）を追って見ても、中国・朝鮮・日本の関係の変化が明らかとなるが、明代後期の秀吉の朝鮮侵攻の頃から、中国・朝鮮にとっても、日本が無視しえない存在となっていたようである。しかし、徳川三百年の鎖国時代を経て、清国の意識がどう変化していたかはこの書の対象とはなっていない。

二〇一二年一一月三日のＮＨＫスペシャル「発見！幻の巨大軍船〜モンゴル帝国ＶＳ日本七三〇年目の真実」で紹介され、伊万里湾の海底で元の軍船の船殻がほぼ原形をとどめる形で発見されたことが話題となったが、日本は一三世紀に、中国、朝鮮の一四万人という史上でも稀な大軍による攻撃を受けた。先の第二次世界大戦における大規模作戦として知られている、ノルマンディの上陸作戦でさえ、動員された軍人の数は一五万人とされており、クビライが壱岐・対馬を経由して行った四、四〇〇隻もの軍船による日本侵攻が如何に大規模なものであったのかが分かる。また、元や朝鮮の軍隊による壱岐・対馬での残虐な行為についての言い伝えも残されている。クビライは文永の役・弘安の役と二度に亘って日本を攻めたもののいずれも悪天候の為に失敗した。それでもなお、更に三度目の侵攻を行う意図があったという。しかし、その間ベトナムの侵攻に失敗し、その七年後にはクビライ自身が倒れたため、日本は難を逃れることが出来た。今、壱岐・対馬の現状を見ると、此れらの島が日本と近隣国の間で果たしてきた役割を日本国民はもっと知る必要があるように思われる。特に対馬については、この島の北端から僅か四九・五キロという韓国の夜景が美しいし、此の島への観光客の七割は韓国人であるという。元寇の折には、この島の男性は大部分が殺され、女性は奴隷として連れ去られたという伝説もある。現在の住民も多くが日本各地からの移住者と伝えられ、今も居住地ごとに、その痕跡が残されている。この島の支配者宗一族は朝鮮の李朝と姻戚関係があった。今でも福岡では壱岐・対馬迄の連絡船とソウルまでの韓国の鉄道の切符が一貫して買える程親密な交流がある。また、一九世紀の後半東洋に触手を伸ばし始めていた列強にとっても、過去の経験から見て、広大な国土と人口を持つ清国及びその冊封国と本格的に争うのは得策ではないと考えていたに違いない。それとも、日清戦争での日本の勝利後、極東の情勢に関するタイムズの記事に暗示されているように、既に相当の権益を得ており、なおその拡大を狙ってはいたものの、列強同志が互いに牽制し合っていたのであろうか。同時に、列強が極東での中継基地若しくは拠点の一つとして、日本での活動の自由を確保し、拡大することを密かに或いは公然と狙っていたのは間違いなかった。当時極東での情勢を見てみると、日本は、馬関（下関）や薩摩で、手を組んだ列強の脅威を初めて体験し、米欧の持つ軍事力の一端を垣間見ていた。一方極東の大国清としては、歴史的に国境を接するロシアとの間で、ネルチンスク条約（一六八九年）、キャフタ条約（一七二七年）等、国境を画定するに際してはロシアとの対等な関係を維持してきた。しかし、国力の衰えと共に、武力によって威嚇されて、屈辱的なアイグン条約（一八五八年）を結ばざるを得ない羽目に陥っていた。さらに、英仏連合軍を相手の第二のアヘン戦争とも称されるアロー戦争にも敗れた結果、清国は天津条約（一八五八年）の締結を強いられることとなったが、この条約には英、仏、露に加えてアメリカも加わった。しかし、その内容には列強・清国双方に不満が残り、追加的に北京条約（一八六〇年）がアメリカを除いて、英、仏及びロシアとの間で個別に締結された。歴史的には大国としての地位を維持してきた清国だけに、列強との紛争に敗れながら、産業革命を経た列強の技術力・軍事力の変化を十分に認識することが出来なかったのは悲劇だったといえる。更に、日本の多くの若い指導者達が、度々国際社会を実際に見て、清・朝鮮両国に対する列強の脅威が現実的なものとなる可能性が高いと考え、それに備えて必死の努力をしていたことを、清国・朝鮮の両政府が理解できなかったか或いは理解しようとしなかったことから、悲劇は一層深刻なものとなった。当時の清・朝鮮両政府の日本に対する対応の状況から見て、小国日本が、列強が支配する可能性の高い隣国と意思の疎通が円滑でない中で、危険を冒して脅威を回避する行動に出たとしても、変動する国際環境の下で、時間との戦いもあり、いかなる国であってもこれを非難することは難しかったのではなかろうか。喧嘩両成敗というが、国際紛争においても、紛争当事国の間では、一方だけに問題があることは少ない。日本は第二次世界大戦を通じて、現代の悪役を担うこととなったが、日本が若し日清・日露を戦わず、第二次世界大戦も戦わなかったとしたら、アジアは古い政治体制の下、白人優位の世界から解放されていたのであろうか。そのための時間はもっと長くかかったのかも知れない。もちろん、その結果得たもの、失ったものについての教訓は、現代においても十分に反省する必要があることには疑いがない。歴史の現実では、戦争による解決が更なる問題を生み、世界を巻き込む大戦という悲劇に連なったからである。現代においては、各国の交通・通信手段が発達し、それぞれの持つ武器も極めて破壊力が大きい。その分一旦戦争となれば、交戦国のみならず、近隣諸国の人々の受ける被害も計りしれないものとなった。そのような事態を避けるためには、それぞれが抱える諸問題について、相互に十分理解し合う必要がある。そして、お互いに何時でも意思の疎通が出来るようなシステムを準備することによって無用な衝突を回避しなければならない。突飛ではあるが、北朝鮮と周辺国の関係が当時の日本と周辺国の姿と重なる部分がないともいいきれないであろう。

戦争は理性を失わせ、合理的な判断力を失わせる。この時中国や朝鮮で日本軍が戦争の狂気の下で民間人に対して行った行為の数々を正当化できるものではない。公式の統計は少なく、その精度も正確とは言い難いとしても、第二次世界大戦においては主戦場となったロシア、ドイツ、ポーランド、そしてアジアでは主として中国において、軍人を遥かに上回る民間人が、日本人以上の多大な犠牲者を出した。しかし、日本人が太平洋戦争に敗北する前に連合国によって、抵抗する力のなくなった日本国民に加えられた二発の原子爆弾の投下や、都市に対する無差別爆撃等の残虐な報復も忘れ去ることはできない。この大戦においては、日本全体で三一〇万人もの死者を出したが、敗戦前の三月間の死者は六〇万人にも達する。特に、中立条約を一方的に破棄し、戦争に参入したソ連邦は、ポツダム宣言受諾後の日本に対しても攻撃を続け、日本の領土を奪った上三〇万人の日本人を殺戮し、五〇万人の日本人を抑留した。その抑留中の捕虜は極寒の中での強制労働で六万人が死亡した。連合国による日本への報復は十分に受けているともいえる。原爆の投下によって、乳幼児や女性、老人達をも一瞬のうちに殺戮され、生き残った人達は今なお世代を超えた後遺症に苦しんでいる。筆者の世代は就学直前の年齢であったが、アメリカ軍の空襲で爆弾や機銃掃射の中を逃げ回ったことを鮮明に記憶しており、焦土と化した国の姿が十分に目に焼き付いている。戦争に関する経過は、後に様々な形で学んだが、現実に見た多くの死者の姿や、焼き尽くされた都市の姿は未だに忘れられない。そして、被災者としての恐怖の記憶は成人に達してもなお悪夢として心を脅かした。ドイツのアウシュビッツにおける蛮行や、アメリカのベトナム戦争での化学兵器使用等正義の名の下に行った非人間的な行為は多くの人々の心に傷を残した。今なお世界の何処かでの戦火が絶えない。近代国家が正義や国益の名の下に、問題解決に手段を選ばないという手法は避けるべきである。

人間は進歩しないのであろうか。近・現代においては、戦争では当然のように一般市民に対しても無差別に攻撃の対象とし、過去とは比較にならない破壊力を持つ兵器を使う。全てだとはいえないが、加害者である人間が原爆投下を指示し、命令されたとはいえ、自ら原爆を投下し、ミサイルを発射するという行為でどのような残虐な結果を生んだとしても、それを直接目にしないですみあるいは単なる映像として見ることによって、あたかも部外者であるかのような気持で、良心の呵責を感じないという、大量殺戮兵器を攻撃の主体とした近代戦の本質に関わる問題であるということもできる。

その後の朝鮮半島をめぐる日清両国の関係の悪化は、玄耳が卒業した頃から一気に表面化することとなった。玄耳が福島県平の裁判所に勤務したとされる明治二七年の日清戦争がそれである。列強から身を守るために強化された軍事力は近隣諸国との関係でも大きな意味を持つこととなる。この情勢を受けて、軍関係の法令も急速に整備が進められた。中華冊封体制の下で清国が日本を他の周辺諸国とは異なる特別の国として意識していたとは思えない。また冊封国の一員として朝鮮も日本に対して似たような感覚であったのであろう。これに対して、歴史的に大国中国に大きな影響を受けながらも、「日出所の天子」を名乗った聖徳太子の例を引くまでもなく、地理的な利点もあり、日本は冊封体制からは可能な限り距離を置いて来た。そのことは前掲の『倭国伝』からも窺えることである。だが、日本にとっては、厳しい国際環境の中で十分な対応能力のない隣国の状況が大きな問題であった。その一つが、明治政府の開国要請に対して、古典的なアジア外交の秩序にしがみつく朝鮮王朝の頑な対応をめぐって繰り広げられた日清両国間の角遂であった。

明治二七年に入り、日清間の関係が緊張を高めていた時期ではあったが、三月には第三回総選挙が行われ、四月にはロンドンで日英条約改正委員会が開催された。このことは日本の宿願であったが、七月には実を結び日英通商航海条約が調印された。そして、英国の日本に対する対応の変化の背後には、前述の如くロシアとフランスの接近があったともいえよう。これによって、領事裁判権が廃止され、不平等な関税率が引き上げられた。この効果は他の列強の国々にも及ぶこととなる。しかし、E・H・ノーマンが指摘するように治外法権は明治三二年まで存続し、関税自主権が完全に回復するのに明治四三年までかかるなど、列強と対等となるにはなお時間を要した。日英間の条約改正が行われた直ぐ後、日清両国の朝鮮派兵を巡って二国間の関係が急速に悪化し、武力衝突が発生した。その結果八月一日、遂に日本は清国に対し宣戦布告をするに至った。戦争は軍の近代化に努めてきた日本軍の優位に展開して、結局日本の勝利で終結した。明治二八年四月一七日に、日本は清国との間で「下関条約」と呼ばれる日清講和条約を締結した。アフリカ大陸や東洋への植民地支配を着々と進めてきた列強は、その最後となる極東について勢力拡大の機会を窺っていたが、日清戦争の成行きを見て、意外な清国の脆さに、はっきりと権益拡張の野望を抱いた。そしてそのきっかけとして、戦争で日本が清国から得た権益のうち、遼東半島の割譲について、講和条約締結後数日を経ずして、ロシア、ドイツ、フランスの三国が、清国への返還を勧告する所謂『三国干渉』を行った。そして、原田敬一が「日清・日露戦争[18]」で引用する明治二七年四月二三日付「タイムズ」の日清戦争と下関講和条約を評する記事に代表される列強の清国蚕食への幕開けとなった。その記事は、「中国が今後も眠れるままであることが保証されていたならば、日本が突如その陸海軍力の意識に目覚めそれを使い始めなかったならば、おそらくわが国はこの二、三世代の間行ってきたとおりのことができており幸せだっただろう。しかしもう元に戻ることはできない。極東には新しい世界が誕生したのだ。我々はそれと共存し最大限に利用しなければならない。」というものである。清国との戦争で力を使い尽くした日本にとって、この三国干渉に対して抵抗する力は残されていなかった。従って、この勧告を飲むしかなかった。この結果に日本国民は激しい屈辱感を味わい、臥薪嘗胆という言葉が流行した。この言葉は中国の呉越の時代の故事に由来するが、何れも屈辱を忘れず、復讐を遂げるまでとして耐え忍んだ苦痛を伴う二つの行為を表す言葉が、後世に組み合わされて熟語となったものだという。「臥薪」というのは薪の上に寝るという行為であり、「嘗胆」というのは苦い肝を舐めるという意味である。かって日本でも富山の薬売が置薬としていた奇応丸や救命丸という熊《くま》の胆《い》から作られた胃腸の薬があったが、これは熊の胆嚢から作られ、苦いものであった。これも中国伝来の生薬を基にしたものである。しかし、この事件によって日本国民は近代日本の国民としての自覚を持ったともいえる。もちろん、清国は遼東半島について日本の支配は免れたが、結局列強の餌食とされたのである。ただ、自衛のためと称して他国民を支配した日本の行為を正当化することはできない。しかし、日本にとって、列強が自国を支配することに対する恐れを回避する手段であって、領土的野心ではなかったことも確かであろう。もちろん、一国の人々の考え方が皆同じであるということはない。

日清戦争に敗れ、その賠償金の支払いの為の列強からの金融を餌として、それぞれ長期の租借地を要求され、蚕食され尽くされていた中国と、列強殊にロシア帝国からの侵略の防波堤として日本が支配下に収めていた朝鮮について、後年玄耳が、例えば「玄耳小品」中の「瞥見せる北京」や、漱石と同じ時期に朝鮮半島を回って「恐ろしい朝鮮」というレポートを書き、朝鮮半島での日本の拙劣な殖民政策を記しているように、それらの国々の人々の生活に対する日本の対応に批判的な認識を持っていたのは、陸軍の法官としての日露戦争従軍や、ジャーナリストとして中国や朝鮮の各地を実際に訪れ、それぞれの国で近代化を目指す若い人たちの動きに接する機会もあり、国とその国民は別であると体感していたからであろうか。しかし、日本は列強から身を守るためとして他国の領土を支配することによって、意図に反し、列強との関係は一層厳しいものとなる。国土を守るのが本来の目的であったのだが、自らの力に目覚めた軍は、列強の一角に割り込もうという野心を抱くことになる。軍というのは常にどの国でもある程度の力がつくとその力を試して見たくなるという本性を持っている。悲惨な戦争を繰り返した歴史の経験に学んだのが、民主国家の大半が採用している文官優位の原則なのである。少し遡るが、玄耳が東京法学院に入学した頃、統一国家としての枠組みはほぼ出来上がったとしても、国民の意識がこれに追いつき、その仕組みが円滑に動き出すにはさらに十分な時間が必要であった。伊藤博文の試験期間という意味もそこにあった。このことは現代において、第二次大戦での敗北により、日本がアメリカの支配の下に置かれ、伝統的な日本の社会思想が根底から覆されて、大きな思想的・社会的混乱が生じた日本の姿が思い起こされる。社会の野放図ともいえる変化を経て、その揺り戻しともいえる社会の変化が生じたことを想起すれば想像がつくのではなかろうか。混乱がどうやら落ち着くまでの期間もほぼ二〇年間前後であった。サンフランシスコでの講和条約締結後、昭和三〇年代初頭から中頃に、独立後の日米安全保障条約の改定問題、道徳教育復活に絡む教育三法の改訂問題、市民の政治活動に対する制約を意図するものと考えられた警察官職務執行法の改訂問題等が政府から次々と提案された。それを危惧する学生や労働者達に代表される社会的反発で国全体が揺れた時代に到る推移を見ていても、短い間に人々の考え方が社会の変化に即応して変化していくのはなかなか難しいものがあることが分かる。玄耳は多感な青春時代を近代日本の成立期に過ごした。しかし、その時代の生活について玄耳は余り触れていない。

3　法典論争

玄耳が上京した月日ははっきりはしない。しかし、『従軍三年』の中で就学のため上京した頃を回顧した文章からみると、明治二二年の晩春か初夏だったのではないかと思われる。この年の四月二七日帝国大学法科卒業生の団体である「法学士会」は、上野精養軒での春季総会において、わが国最初の民法典であるギュスターヴ・ボアソナード起草の草案に対して、反対運動を開始することを決定した。上京したての玄耳が、新聞でこの事を知ったとしたら、法律を学ぶために上京したのであり、興味を抱かなかったとは考えられない。これは、前年一〇月に法律取調委員会に草案が上程されていたヘルマン・ロエスレルの起草になる商法の実施延期に関する議論と併せて、「法典論争」と呼ばれ、その実施を巡って学会を二分した激しい論争の開始を告げる切っ掛けとなった。そして、玄耳の入学した東京法学院はその一方の拠点であった。法典を基礎としない英法の精神を建学の基礎としている英吉利法律学校とその後身である東京法学院は、当時の英法の代表的な学者達の砦であったのだから当然ともいえよう。新聞「日本」では、明治二二年五月一九日（日）第八五号で、「法典編纂に関する法学士会の意見」を掲載しているが、その趣旨は、おおむね次のようなものであった。

「法典編纂の大事業にもとより異論はない。欧州においても、独逸、英吉利のごときは、つとに、信頼できる人物に託して、法典の編纂に従事させ、研究に長時間かけて、数回にわたって稿を改め、それでもなお直ぐに発布するに至らないほど、その事業は困難で、慎重を期するものであることを知るべきである。しかるに、聞くところによると、政府は法典編纂を早急に完成させるよう促すだけでなく、続いて、草案を発布しようとしている。これは余りにも急ぎすぎで、至難の事業を行うやりかたではない。我々はいたずらに、事業の困難を恐れてこれを止めさせようというのではない。法典編纂は大事業であって、法律学の発達や法律学に詳しい人達の輩出においてもわが国の遠く及ばない英国や独逸においても容易に成しうることではない。法典編纂についての欧米の法学者の意見もいろいろ分かれていて、今日に至ってもまだ定まったとはいえない。元来法律は社会の進歩に伴うべきものであって、一旦法典を定めると、後で不都合なところを発見し、不便を感ずることがあっても、すぐにこれを改めることはできない。欠けたるところがあればこれを補い、弊害があればこれを改めるというのは机上の議論であって、法典の下にある国民が容易に実行できないことは、事実に照らして明らかである。また、法律はこれを遵奉する国民の必要に従ってつくられるものであるから、法典編纂にあたっては、朝令暮改を避け、後々の社会の変化を予測してこれに備えようとするものであるから、その必要がまだ生じていないのに、先んじて法条を設けて、国民を遵守に苦しませることがないとはいえない。このことが、学者が容易に法典編纂を可としない理由である。

一般に欧州諸国では、いわゆる法典編纂というのは、もっぱら既存の法例を編集するという意味に過ぎず、たとえ改変するところがあっても、単に古い法律、慣行を修正、加除するに止まる。しかるに、わが国の法典編纂は、これと異なり、もっぱら欧州の制度を模範とするものであるので、古い法律や慣行を参酌するというのは、ほとんど有名無実であって、その多くは新しく制定するものである。欧州のそれに比して難易得失は同日には論じられないものである。また、聞くところによると、商法、訴訟法は独逸人某々氏の原案に対して、民法は仏国人某氏の原案であるということである。我々は、国が違うことで良いとか悪いとかの評価をしているのではない。ただ慣れているのは、これらの人達の間で十分な協議がおこなわれないため、法典全体に考え方の一貫性が無いことである。

政府が、法典編纂委員を設けて、法律取調べをさせることについて、我々が非難しているわけではない。ただ、性急に成果を求めないように希望するのである。思うに、わが国の社会は、旧制を脱して、諸事を改善しようとするに際して、変遷極まりないので、古い法律や慣習を参酌して、法典の編纂を成功させようとすれば、封建の旧制によってはならないし、また、単に欧米の制度に習うというわけにはいかない。

その事業は実に困難な作業であって、強いてこれを成し遂げようとすると、国民の実情に反し、法律の煩雑さに苦しませるおそれがある。だから、今日においては、必要不可欠なものに限って、単独の法律でこれを規定し、法典全体の完成は、しばらく民情風俗が落着くまで待ったほうがよい。

けだし、一国の法典を起草するのは、単に教科書、論文を書くのと同じではない。如何に体裁が整い、理論が精緻であっても、民情風俗にあっていなければ、これを善法とはいえない。したがって、法典を円滑に機能させようとするなら、すべからく、草案のままにしてこれを公開し、時間をかけて公衆の批評を集め、おもむろに修正を加えて完成を期すべきである。」

法典に依存しない英法学者が、かねて主張してきた英法の精神を踏まえて、必ずしも法典が無くても、必要に応じて個別に法律を作っていけば、当面は問題がないこと、法典を作るにしてもじっくり時間をかけて、将来問題が生じないようにしようと一般国民に対して訴えたものといえよう。しかし、政府首脳は、拙速を承知の上で、プロイセンやフランスの法制を参酌しながら、対外的な課題を早期に解決するため、外形を整えようとして法典の編纂を急いでいた。その結果、私法のうち民法はドイツ人法学者が、商法はフランス人法学者によって編纂されようとしていたのである。英法学者でなくても、法典という形で一国の法制度を定めれば、その後簡単に変えることはできないことは理解していたに違いない。それぞれの法典が基礎とする考え方の整理も十分でないので、国の歴史や、習俗、社会の現状や思想を踏まえて、日本の将来の発展や安定に資するよう十分に配慮の上検討を進めるべきだという主張が行われたとしても不思議はない。ただ為政者にすれば、外交政策上、当時の日本にとって最大の課題であった条約改正の前提として、欧米列強に対して、国としての外形を整える必要があると信じていたのである。実務的にも領事裁判権の廃止や関税に関する条約の改正点の明確化に欠かせないものであったのかも知れない。この法典論争に関しては、後年色々な見方があるが、国民生活に深い関わりのある二つの法典について、落ち着いて見直す機会を与えたという意味ではその意義は十分評価されよう。法典論争の一方の拠点となった英吉利法律学校は、設立後日は浅かったが、五大法律学校の中でも有力な学校の一つとして、次第に評価が定着し始めていたようである。法学協会雑誌は、英吉利法律学校について、玄耳の入学の前年の明治二一年の九月号で、東京府の五大法律学校の中で最も評判が高いという記事を掲載している。

（1）九州鉄道博物館ホームページ。
（2）『日本鉄道物語』橋本克彦著　講談社　一九九三年三月一五日発行。
（3）『日本の歴史21近代国家の出発』色川大吉著　中公文庫一九七四年八月一〇日。
（4）『明治の東京』馬場孤蝶著　現代教養文庫1420　社会思想社　一九九二年二月二八日発行。
（5）『日本における近代国家の成立』E・H・ノーマン著　訳大窪愿二　岩波書店　一九九三年一月一八日発行。
（6）『文明史の中の明治憲法　この国のかたちと西洋体験』瀧井一博著　講談社　二〇〇三年一二月一〇日発行。
（7）『伊藤博文　知の政治家』瀧井一博著　中央公論新社　二〇一〇年四月二五日発行。
（8）『歴史年表増補版』歴史学研究会　岩波書店一九九八年一一月一八日発行。

（9）『文明論之概略』福沢諭吉著　松沢弘陽校注　岩波書店一九九五年三月一六日発行。
（10）『朝鮮半島をどう見るか』木村幹著　集英社新書　集英社　二〇〇四年五月一九日発行。
（11）『日本の歴史21　近代国家の出発』色川大吉著　中央公論新社　一九七四年八月一〇日発行。
（12）『男爵九鬼隆一』司亮一著　神戸新聞総合出版センター　二〇〇三年四月一日発行。
（13）「『梧陰文庫』にみる明治初期の高等教育と官吏任用」菊池信太郎『東京大学大学院教育学研究室研究室紀要』第三三号。
（14）『漱石とその時代』第一部　江藤淳著　新潮選書　新潮社　昭和四五年八月二〇日発行。
（15）『日本の百年3「強国を目指して」』松本三之介著　筑摩書房　二〇〇七年九月一〇日発行。
（16）『日本近代史③日清・日露戦争』原田敬一著　岩波新書　二〇〇七年二月二〇日発行。
（17）前掲　松本三之介編著『日本の百年3「強国を目指して」』。
（18）『日本近代史③日清・日露戦争』原田敬一著　岩波新書　二〇〇七年二月二〇日発行。

第二章　「国制知」の姿

1　当時の学校

瀧井一博の定義によれば、シュタインの「国制知」とは「国家の構成と諸制度―国制―を構想し、その支柱となって運営していく知的営み」とされている。『知の政治家伊藤博文』が、シュタインの教を基にして、憲法体制の確立のために行政組織を整備し、天皇を含めて全ての国民を憲法体制の下に組み入れ、法治国家として法令を整備するだけではなく、これを運用する人材を数多く育成しなければならないという「国制知」の認識を背景とした教育の重視が大きいといえる(1)。ところで、当時の学校の様子については新聞「日本」の明治二三年初めの記事がある。玄耳が東京法学院で学び始めた最初の年、明治二二年末の調査を基にした「東京遊学生」という連載記事である。その記事によると、全国では学校が中学校を除いて一、五〇〇校ほどあるが、そのうち一割は東京にあるという。この記事の指摘によれば、東京には天皇がおられ、国の指導者や学者が多数集まっており、富も集中しているので、事業のチャンスも多い。したがって、地方の青壮年が機会を求めて多数上京してくるが、これには大きな問題が含まれているという。一般的に学生が目指すのは、第一が大学で、次が師範学校、それから専門学校、高等女学校、各種学校の順である。全国で一一万人程の学生がいるが、そのうち大部分は各種学校に通っている。その学生の数は八万二千人余りである。次が専門学校で一万七千人を超え、師範学校が五千人弱、高等女学校がその半分を少し下回る程度である。大学は東京だけしかないが九百人位となっている。東京には大学を含め、三万八千人を上回る学生がいる。その中でも、地方から上京する学生が年々増加し、東京に来て数年すると皆「東京人」となってしまう。この学生達は、直ぐに故郷に帰る気持が全くなくなってしまい、ずっと東京に住むことを望むようになる。もしその望みを達することができず、やむを得ず父母の元に帰ったとしても、いつまでも東京の生活が忘れられずに、家業を継ぐ気持ちもなくなってしまう。稀に故郷に帰って住もうという者がいても、それは競争に耐え得なかった出来の悪い「遊学生」である。このように、青年の多くが東京に集まり、そして故郷に帰る気持ちがなくなれば、地方はおのずから人材が希薄になり、常に東京から一段低く見られることになる。東京につながりのない地方は何かと不便になるだろう。自治の精神が日毎に衰え、常に東京の勢力に支配されるようになる理由は「遊学生」の集中が大いに影響しているのだとしている。ところで、この数多くの「遊学生」が東京で費やす金額も少なくない。この「遊学生」が毎月使う金額は少なくても七〜八円、多いのは一五円にもなる。今これを平均すれば、少なくとも一人毎月一〇円は下らないだろう。一人の学資金を毎月一〇円とすれば、一年で一二〇円である。東京遊学生の数は、東京籍の学生七千人余りを除いて、おおよそ三万一千人であるから、その一か年に消費する額は三七〇万円を超える。これは地方から持って来て東京で使ってしまう金額である。ところで、地方でも年一〇〇円の収入があるのは中級の家族である。いま「遊学生」は一人一二〇円を東京で費やすのであるが、これは地方において中級の家庭の一年間の生活に要する費用を一人の消費に充てることとなるのである。この記事の指摘は、三七〇万円を超える学資を東京で費やすのは、地方における中級の三万以上の家庭の財産を奪い、これを東京に投入するのと同じで、莫大な金額ではないかというのである。さらに、帝国大学の経費といっても年三五万円はかかっていない。その他高等中学のような諸種の専門学校も、官立のものが、三万円から五万円の経費で運営されている。今、「遊学生」が東京で費やす資金を学校の経費と比較してみると、少なくとも五〜六地方に大学校を置くことができ、各府県に専門学校を置くのも難しくはない金額なのであるとする。この記事の指摘はなかなか興味深い。この記事はなおも続ける。東京は学者の集中するところであるといっても、また誘惑の多い所でもある。「遊学生」が往々にして身を誤り、父兄の悲嘆を引き起こすのは、遊学生自身の罪であるとしても、土地の環境にそうさせるものがないとはいえない。青年が中等の一家の財産を費やしても得るものが、ひ弱な体と屈折した心、怠惰な習慣に過ぎないとしたらどうだろうか。この記事は、国の文教政策や社会・経済政策に対する問題提起でもある。なおも記事は、この事が、単に教育の問題であるばかりでなく、地方経済にとっても関係がないわけではない。首都と地方との権衡においてもこの事は社会の各方面に影響を及ぼしている。後日全国において、首府だけが大きくなり、地方の足腰が弱って立てないとの不安を生じさせるとすれば、或いは若い人達の教育方法そのものが原因であろうと書いている。また、この記事では東京の学生の出身地ごとの数を掲げているが、それによると、地理的にも優位な現在の首都圏に属する千葉、埼玉、神奈川等の各県を除くと、千名以上の官私立の学生を東京に送り出しているのは新潟、静岡、長野、山口、福岡等数県に過ぎない。しかし、玄耳の出身県佐賀もこれに準ずる七百余名もの官私立の学生を送り出している。

東京における官私立学校の数は大学、高等師範学校、専門学校など五種類の学校別に見ると全部で一〇〇余校があり、そしてこれを学問の分野別におおまかに分けて見ると、法文学類一〇校　七、五七八人、医薬学類　七校　八三九人、工芸学類　七校　一、一一八人、理化学類　八校　一、六九四人、商業学類　一〇校　二、〇七五人、農林学類　二校　八九五人、軍兵学類　五校　一、〇七五人、普通学類　四九校　一四、一六三人、女子学類　一六校二、一一五人となっている。このうち玄耳の選んだ法文学類七、五七八人について、学校ごとに見ると、

法科大学	三〇八人	東京法学院	二、〇〇二人
明治法律学校	二、二九五人	和仏法律学校	四〇四人
専修学校	七三一人	東京専門学校	八〇七人
独逸学協会学校	五〇四人	文科大学	六八人
東京文学院	五五人	私立哲学館	四〇四人

となっており、明治法律学校と東京法学院が格別に多くの学生を集めていることが分かる。仏法系と英法系を代表する私立法律学校であった。これら普通学類や法文学類の学校の隆盛の背景には、議会の開設による政治活動の活発化や、東京に集まった若者達を魅了する新聞雑誌

など文明開化の象徴的な分野が華やかな活動を展開する時期であったこともある。そして、地方では若者が活躍する場が少なく、手っ取り早く世に出るには官途に就くのが早道だとの思いから、収容能力が限られている官立に入れなければ東京に集中している私立法律学校でという選択がなされることとなったのかも知れない。もちろん、その背景には根強い士族と平民の身分による就学機会の差もあったであろうが、文教政策を優先していたとはいえ、国家財政が窮乏していたことも大きいと思われる。

2　五大法律学校と卒業生の資格の変遷

伊藤博文が重視した行政や法律の制度を運用する人材の養成は急を要し、財政難から官立学校の整備が遅れがちであったため、明治一九年八月二五日に決定された「特別監督条規」で創設された制度は、適当な私立法律学校を選んで、その優秀な卒業生を、官吏登用に関し帝国大学卒業生に準ずる待遇を行い人材の不足に備えようとする試みであった。それは、「特別監督条規」の下で、五つの私立法律学校を帝国大学の監督下に置き、入学者、授業内容、学生の成績を厳重に管理する方法によって行われた。文部省は、特別監督条規に基づき、明治一九年一一月二九日付で、専修学校（現専修大学）、明治法律学校（現明治大学）、東京専門学校（現早稲田大学）、東京法学校（現法政大学）と英吉利法律学校（現中央大学）の五校を特別監督校とすることを、帝国大学と東京府に通達した。特別監督条規によれば、指定された法律学校は、「必要の普通学科を修めたる者」を入学させ、三年以上の課程を設け、フランス法、ドイツ法、イギリス法のいずれか一つの学科を教授しなければならないとされた。帝国大学総長は、これらの法律学校を監督するため、法科大学職員の中から委員を選定し、常時及び試験の時に臨監させるものとした。また、それらの私立法律学校の校主は、毎月三日までにその月の課業時間割表を、定期試験をするときは、少なくとも実施三日前までに、その科目及び時間割表を、実施後は二週間以内に成績表を作成して帝国大学総長に提出するよう義務付けている。その代りに、それらの私立法律学校の卒業生の中で帝国大学総長が優等であると認めた者は、法科大学において、司法官吏立ち会いの下で試問を行い、及第証書を交付することになっていた。この及第証書は司法官任用において帝国大学卒業生と同等の扱いを受けることを意味した。このほか帝国大学総長は監督する委員の報告に基づいて「学科課程及び教授法」の改正を論告できるという強い監督権限を与えられていた。同年の一二月には法科大学教授の穂積陳重を私立法律学校監督委員長と英吉利法律学校及び、専修学校の監督委員に任命している。因みに、東京法学校には同じく法科大学教授の木下広次を、明治法律学校には富井政章を、そして、東京専門学校には助教授の土方寧を監督委員に任命した。

穂積陳重は宇和島の出身で、大学南校を卒業後、ドイツ留学を経て英国のミドルテンプルに学んだ。東京大学法学部長を務め、玄耳の卒業した東京法学院の前身、英吉利法律学校の一八人の創設者の一人となった。この特別監督条規の対象に私立学校としては最も古い学校の一つである慶応義塾が含まれていない。慶応義塾は明治二三年に大学部を設け専門教育を開始するまで、普通学を中心としていて、専門学校として認められていなかった為であるといわれている。慶応義塾は特別監督条規の対象校から漏れることによって、私立学校として唯一認められていた兵役猶予の特権を失うこととなった。そして、特別監督条規の対象校となり、新たに兵役猶予の資格を得た英吉利法律学校などの兵役猶予申請に抵抗することになる。その後、英吉利法律学校から名称変更した東京法学院などの兵役猶予については、結局特別認可学校制度になるまで受け入れられなかった。しかし、この五大法律学校の中で、英吉利法律学校及び東京仏学校—玄耳の上京した明治二二年に東京法学校と合併して和仏法律学校となった—の二校は、それまで政府や皇室から特別の庇護を受けていた独逸学協会学校に加えて、年五千円の補助を受けることになる。明治二四年に打ち切られるまで四年程続けられた。補助が打ち切られたのは、差別的な取り扱いに対する東京専門学校（現早稲田大学）や明治法律学校（現明治大学）など、補助の対象とならなかった学校の抵抗によるものであった。なお、独逸学協会学校は、設立された経緯から、宮廷費からの支援も含めて既に多額の補助金を受けていた。この補助の打切りによって、独逸学協会学校は専修科を維持する財政的な基盤を失い、明治二八年には専門学校に相当する課程である専修科を廃止することになる。玄耳が上京する前年の明治二一年の五月五日に、文部省は私立法律学校に対する「特別認可学校規則」を制定した。明治一九年年八月二五日に制定され施行後一年足らずの明治二〇年五月四日に、五大法律学校に対する「特別監督条規」の廃止が帝国大学総長に通達されている。それは、内閣制度の創設に伴い、明治二〇年七月二五日に、官制の整備を目的として制定された「文官試験試補及見習規則」が公布される直前のことであった。五大法律学校は、「特別監督条規」に基づく高等官任用の特権を失ったが、「特別認可学校規則」によって、特別認可学校となった七校は、高等官任用試験の受験資格を与えられ、判任官については、「文官試験試補及見習規則」によって、試験を受けることなく任用されうることとなった。これらの特典は玄耳のように地方から上京して東京で学ぶ書生にとって大きな魅力として目に映ったであろう。また、明治二一年一一月一二日の徴兵令の改正で特別認可学校生に対する徴兵猶予が認められた。

ところで、この特別認可学校の申請については、私立法律学校側は明治二一年五月一六日に五大法律学校といわれた英吉利法律学校、明治法律学校、東京専門学校、専修学校及び、東京法学校でその対応を協議したが、結局認可学校になる請願は個別に行うこと、特典が在学生にも適用されるように要請することを決めた。特別認可学校となったのは、明治二一年七月一二日付で英吉利法律学校と独逸学協会学校、八月九日付で東京専門学校と東京仏学校、八月一六日付で専修学校と明治法律学校、九月一二日付で東京法学校の七校が指定された。これらの学校は明治二二年一月の徴兵令の改正で、在校生には二六歳までの徴兵猶予と、卒業生に対する一年志願兵の特典が付与された。一年志願兵というのは、明治二二年に改正された徴兵令で制度化されたもので、満一七歳以上二六歳未満の中等学校以上を卒業し、一定の条件を満たす者を一年の入営期間で予備・後備役将校とする制度である。昭和の初期には幹部候補生制度となった。

明治二一年一二月二四日の新聞「日本」には、玄耳がいずれ目指すであろう文官高等試験の実施の記事が出ている。受験者一五八名のうち特別認可学校の卒業証書を提示して受験した者が一二一名と圧倒的であった。筆記試験は一〇月二一日から二八日迄行われたが、受験者の一五八名の内訳は行政官試補三八名、司法官試補一二〇名であった。欠席者は一八名、筆記試験の合格者は六四名。口述試験は一一月二一日から一二月一一日迄で、受験者は六四名、行政官試補一一名、司法官試補五三名であった。このうち欠席者は三名で、合格者は一七名であったが、その内訳は、行政官試補四名、司法官試補一三名となっている。

この頃新聞「日本」には、「府下諸学校案内」の記事が連載されている。そこには帝国大学をはじめ官立学校の紹介が行われている。当時の人の職業観や学校観の一部が出ていると思われるのでその部分を紹介しよう。

「現今高等的な職業といえば、先ず政府部内における文官では、行政官、裁判官、技師、教員、武官では陸海軍士官、会計官、軍医、機関士等である。その他、著述家、新聞記者或いは会社の顧問又は製造所の技師となるものもある。言文一致の小説家の青年はここから外しておこう。その外政治専門家で羨望すべき生活をする者もあるが、これもここでは外しておこう。以上の諸種の職業は相当の学修、試験、秩序ある階級を経て、田舎の資産を食い潰した後に得たものである。これは明治の御世の慈父母の夢を実現しようという野望に燃えた少壮青年の問題点である。今ここに一考を促すことがある。従来官立諸学校は、官吏養成所とも仇名すべき実態があって、現に大学において法科を卒業した者は、代言人になるより、むしろ判事の下っ端になることを願い、医、文、理、工科を出た者も民間に下るのを嫌い、その他商業、農林、職工等の高等諸学校は立派に整っているけれど民業に与えた光はどれほどあったであろうか。世の癇癪持ちの不平が多いのも無理はない。理屈っぽい私立の法律学校ですら特別認可という飾りをつけなければ人が集まらないという世のありさまをどうしたらよいのか。」

明治二四年五月一五日に判検事登用試験規則が制定され、高等中学校の卒業生、私立法律学校の卒業生に受験資格が与えられた。さらに、明治二六年一〇月三〇日に文官試験規則が公布され、翌二七年一月一日に施行された。私立法律学校の卒業生は文官高等試験の受験資格は与えられたものの本試験ではなく、予備試験の受験資格であった。ただ、従来各省庁の要請に応じて任意に施行されていた文官高等試験が、年一回東京で実施されることが明定された。なかでも注目すべきは、帝国大学出身者の特権が剥奪され、高等官として任官するには全て登用試験を受けることが必要となったことである。このことは帝国大学出身者に恐慌をきたし、明治二七年に実施された最初の高等文官試験をボイコットする騒ぎとなった。帝国大学関係者による復権の運動が活発に行われた。多くの帝国大学の教授達が、国のこの措置に抵抗した。理由は、高等文官試験の問題は帝国大学の試験問題と同じであり、改めて帝国大学卒業生に試験をする必要はないではないかというものであった。しかし、帝国大学卒業生の特権の回復が実現されることはなかった。そして高等官の魅力には勝てず、次回からはしぶしぶ受験することとなった。従って第一回の文官高等試験の合格者の中には帝国大学出身者は一名もいない。それでも、私立法律学校の卒業生に比し、予備試験が免除されて、特権の一部は承継された。帝国大学卒業生に対する予備試験の免除は、帝国大学卒業生といえども文官試験に合格しなければ官吏に登用されないという厳しい制度としたことから、帝国大学卒業生としてのプライドに配慮し、その反発を少しでも抑えようとしたものであろう。この年、従来の代言試験規則に代わる弁護士法が明治二六年二月一五日に衆議院を通過した。翌日の新聞「日本」は、度々修正されたこの法案が、最終的に試験の回数を年一回とすること、弁護士が各裁判所に所属するという制度を廃止したこと、登録の保証金制度を廃止したことであると報じている。三月四日に弁護士法が制定され、代言人規則が廃止された。

この頃、英吉利法律学校の増島六一郎校長が英吉利法律学校で行った講演「五大法律学校の将来」については、新聞「日本」に二回にわたって掲載されている。その出だしの言葉は概ね次の通りである。増島の法学教育についての考え方が出ているので次に紹介しておこう。

「五大法律学校のうち、創立以来古いものは一〇年余、新しいものは未だ五年に達していない。その間に育成した卒業生のうち、既に法律の実務に就いた者もないわけではないが、月日が余り経ってはいないため、彼らの得た経験も未だ大きなものとはいえないであろう。

現在在学中の諸君は勿論、それぞれ卒業生諸君も、それぞれの学校で学んだ仏蘭西法若しくは英吉利法を胸中に抱いて、これに拠ってその職を行い、先ず己を利し、続いて国家を益しようとするものに違いない。その学ぶ基礎とした法律学は仏蘭西にあれ、英吉利にあれ、概ね偶々学んだ学校の科目だったからこれを学んだのであろう。

しかし、諸君は日本人である。その利せんとする国家は、諸君が同胞と共に住み、盛りたてているのは日本の国家である。これらの外国の法律をもとに諸君が法律学を研究したのは、その法律を学ぶのではない。これらの法律を学んで涵養した思想能力を我がものとし、これを使って日本法律の学を開き、実務に必要な資質を習得するためである。

これまで、各法律学校の創立者が、自ら身に付けた仏蘭西法律学若しくは英吉利法律学を守本尊として専らその学校科目として動かさなかったことが、その学校を盛んにした理由である。その養成した生徒が、後に法律社会は勿論、日本の全社会中で、大きな勢力を獲得するかいなかについても、これによるほかはない。まだ年数を経ていない今日において、人によってはこの言葉を疑うことがなきにしもあらずであるが、卒業生が十分その実力を天下に示しこの勢力を得るかどうか後日を待つしかない。それぞれの国の文化に差異があり、その法律に長短があることは仕方がないことである。」

3　法律学校から大学へ

明治二三年には予定通り帝国議会が開設された。当時富国強兵の方針に沿って、悲願の艦隊の創設や軍備の充実、軍事輸送、経済発展のインフラ整備のため国内の鉄道網の敷設等に多額の資金を要し、国家財政は極めて苦しい状態であった。加えて、災害や不況が追い打ちをかけた。帝国議会ではこれらの予算を巡って与野党が激しく対立した。そこで、議会筋では学校を整理しようと発言する議員もいたようで、新聞「日本」には議員達が唱える高等中学校や師範学校、音楽学校の廃止論に対して殆ど毎日、教育関係者の寄稿による反論や意見が掲載されている。また、一般の読者もこれらの議論に参加している。この問題では、文部省と議会関係者が鋭く対立した。このような議論の過程で、逆に私立学校撲滅を文部省が画策しているとの噂も出た。私立学校撲滅論の論拠の一つが、尋常中学の卒業生をそのまま無試験で高等中学へ入学させるという、「尋常中学と高等中学の連絡」の問題である。当時の私立の進学予備校にとって、各県の尋常中学出身者が、無試験で各高等中学校に入ることになると、その存立基盤を奪われることとなる。そのため、大臣や次官等の文部当局に、その真意を確認するため、面会を求める記事が頻繁に出ている。この問題に関して、増島六一郎の後任である東京英語学校校長杉浦重剛も大木喬任文部大臣に面会を求めている。そして、文部大臣から高等中学校の規則は当分変更しないし、試験はむしろ自由競争が望ましいという言質を取った。また、次官からも尋常中学校の充実を待って、二、三年後に徐々にこれを実施するといわれたものの、直ぐには実施されないことが分かった。新聞「日本」の明治二四年八月三日付の紙面では、このことを記して「後日の証としよう」としている。大日本帝国憲法発布の頃から、法学教育は大きく変わり始めた。私立法律学校は、次第に整備され始めた法律や制度に即して、教授内容が変化した。また、帝国大学の優位が確立されてくるにつれて、これに対応していくために、各私立法律学校は、それぞれ大学への志向が強くなった。そして私立法律学校の卒業生も次第に数を増し、相応の実績を残し始めていた。英吉利法律学校が、東京学院連合の形成を目指すため、東京法学院と名称変更したのも大学化を目指す動きの一つであった。

玄耳が進学した東京法学院は、校長の増島六一郎が「三学院連合構想」を公表していた。英吉利法律学校、東京英語学校と同じ場所の神田区錦町二丁目二番地に創設された杉浦重剛の東京文学院、樫村清徳・佐藤精一郎らが設立し認可済みの東京医学校とあわせて、「東京学院連合」を組織しようとして、校名を改称したのである。同連合の事務所も同じ場所に設置された。東京学院連合規約が作成され、「連合東京大学を組成するの希望」を実現するために、新しい同志、特に理科系の専門学校の参加を募り、実現したら連合を解き、大学とする予定であった。うまくいけば日本の私立の高等教育の先駆的な事例となる構想であったが、新たな同志が現れなかったことや、認可を受けながら東京医学院がなかなか開校できなかったこと、東京法学院が法典論争に巻き込まれたこと等の事情があり、推進者である増島校長が動けなくなったことから実現しなかったとみられている。

英吉利法律学校の第三回卒業式に於ける増島校長の挨拶で表明された東京学院連合の目論見については、玄耳の入学した後の明治二二年一〇月一日付の新聞「日本」で、英吉利法律学校、東京医学校、東京文学院三校連名により、「私立大学を組成するの目的」をもって、英吉利法律学校、東京医学校の二校の校名を東京法学院、東京医学院に改称する旨を広告している。さらに、明治二二年一〇月六日号及び八日号には「校名改称連合広告」として、東京学院連合事務所を神田区錦町の東京法学院、東京文学院と同じ地に設置したことを併せて広告している。また、明治二三年一月に慶応義塾は大学部を設置し、学生の募集を始めている。少し遅れて、学習院も大学課程を「別科」として設けた。この「別科」は初等学科、中等学科、高等学科（高等中学本科）の一五年の修学を経て編入できるもので、明治二四年九月一八日の新聞「日本」は四名の学生が得られたとして大学課程の開始を報じている。しかし、これ等の卒業生が大学卒業生と認められる法的な根拠は未だ確立されていなかった。秦郁彦の「官僚制の研究」[2]によると、明治二七年に高等文官試験制度ができてから、制度が終了する昭和二二年までの高文行政科・司法科の私立法律学校の合格者は、優れた環境での勉学が保障された国公立大学に比し、財政基盤の問題もあり、必ずしも恵まれた環境の下で学んだとはいえない割には、東京帝国大学を除く他の国公立の大学にはさほど遜色のない実績を残している。特に、玄耳の学んだ東京法学院と、その後身である中央大学は高文行政科では東京・京都に次ぐ第三位で、当時官吏養成学校であり、経済的にも恵まれた地方の人達の出来の良い子弟が集まった東京帝国大学の五、九六五名は別格として、京都帝国大学の七九五名に対し四四四名、あとに続く日本大学も三〇六名、早稲田大学一八二名、明治大学一四四名等と他の私立大学共々高い実績を残している。また、同司法科では、中央大学と日本大学は昭和九年から昭和一五年と限られた期間の比較であるが、京都帝国大学一五八名を抜いて中央大学が東京帝国大学六八三名に次ぐ三二四名で第二位、日本大学も一六二名で第三位である。実数においても、行政科ほどの差異もなく健闘している。司法試験の分野で中央大学は、第二次大戦後の昭和三〇年代の半頃には、東京大学を含む旧帝国大学の全ての合格者の合計を上回る合格実績を残した年も少なくない(3)。その伝統は玄耳の時代から築かれたものであった。この頃中央大学には「研究室」と称するクラブ組織があった。中桜会、真法会、瑞法会、玉成会、正法会等がそれである。大学は他のクラブ活動同様施設を提供するだけであった。しかし、それぞれの「研究室」で法曹となった先輩達が資金を拠出して後輩で法曹を目指す者に対して援助と指導を行っていた。会員になるには、先輩達による論文試験と口頭試問を経て、「入室」の許可を得ることが必要とされていた。会員となった学生には、一人一人ベニヤ板で仕切られた机と椅子が与えられた。卒業生も残ることができたが、陸軍士官学校や海軍兵学校出身といった人達もまだ残っていたし、他大学の卒業生で学士入学した人達もいた。毎週といっていいほどどこかの「研究室」の公開答案練習会が行われ、他大学の学生や卒業生にも開放されていた。国公立私立を問わず多くの学生が応じていた。答案はその年の合格者で司法修習生となった者がボランティアで添削と指導・講評をおこなっていた。勿論「研究室」出身者が全て法曹となるわけではなく、進学して大学院に行き研究者となったり、公務員や、ジャーナリズムの世界に入った人もいる。当時の私立大学の厳しい勉学環境の中で、一人一人に常時占有できるスペースが提供されるというのは大きな魅力であった。また、昼休みや休憩時間には室員相互の議論が法律問題を中心に活発に行われていた。旧制度の下で、多くの人材を出した東京帝国大学でも、司法のトップの大審院院長、検事総長、司法大臣の三職を経験したのは平沼騏一郎、木村篤太郎と二人しかいないが、中央大学も林頼三郎を出している。これらの人々は、時代の制約もあり、その評価もいろいろあるが、時代を代表する人達であったことは間違いない。

林頼三郎が思想検事等として権力に密着して活躍していたとされた時代の流れの中で、職命を賭して東条内閣や軍部に抵抗し、大審院判事として、翼賛選挙無効の判決を下し、判決後は下野して母校の教鞭をとった吉田久もいた。吉田は大学においても、危険人物として、特高（特別高等警察）による厳しい監視が続けられていた。林頼三郎は明治一一年九月六日、埼玉県行田に生まれた。父の事業の失敗や病気により、家計を助けるため、郡役所の給仕などをしたが、その才能を見込まれ、一六歳で養子となった。弁護士の書生をしながら、長谷川如是閑と同じ明治二六年に東京法学院に入学した。明治三〇年の判検事登用試験に合格して、水戸区裁判所を振出しに検察畑を歩み、大正九年に法学博士の学位を得た。昭和七年に検事総長、昭和一〇年に大審院院長、昭和一一年に広田弘毅内閣の司法大臣を務めた。その後中央大学の学長、枢密院顧問官等を歴任したが、戦後公職追放された。後には私立学校振興会会長や中央教育審議会委員等の公職にも就き、母校の理事長や総長なども務めた。

吉田久は明治一七年八月二一日、福井市の生れである。高等小学校を中退して、弁護士の書生をしながら明治三八年に東京法学院を卒業し、判検事登用試験に合格した。司法官試補、検事を経て裁判官となった。翼賛選挙とされる昭和一七年の第二一回衆議院総選挙において、吉田は、鹿児島二区で提起された選挙無効訴訟に、大審院第三民事部の裁判長として審理に当った。政府の強い圧力があったにもかかわらず、陪席裁判官とともに現地での出張尋問を行い、一八七名もの証人を尋問し、敗戦直前の昭和二〇年三月一日選挙無効の判決を下した。この時の判決原本は東京大空襲で焼失したものとされていたが、平成一八年八月に、最高裁判所の倉庫から発見され話題になった。平成二一年八月一六日にＮＨＫで「気骨の判決」としてドラマ化され放映された。吉田久は判決の四日後に辞職した。在職中から母校の中央大学で講師を務めていたが、辞職後は専任となった。戦後は、一時期勅撰により貴族院議員となったが、貴族院が廃止されて中央大学に戻り、教授として民法などを担当した。なお、高等文官試験制度が改正され、新たな司法試験制度となってからも、平成二四年の前半までに、中央大学は最高裁判所判事を一四名出している。また本書の執筆時点での最高裁判所判事一五名のうち三名は中央大学の出身である。近年検事総長や、女性で歴代二人目の高等裁判所長官も出していて、法曹界においては玄耳たちの時代の伝統は中央大学になっても健在である。勿論、法曹界のみならず、総理大臣や経済団体連合会の会長など政界や経済界などでも時代を代表する社会的なリーダーとして活躍してきた人達も少なくない。このうち、前述の高等裁判所長官を務めた女性は、後に人事院の人事官を経て、我が国で初めて女性の人事院総裁となった。

また、天野郁夫『大学の誕生（上）帝国大学の時代』(4)でも「帝大特権」に対して結束する私立法律学校の動きが紹介されている。例えば、玄耳が東京法学院に在学した時期に、五大法律学校連合会の結成による法律討論会が明治二一年から二三年まで毎年四〜五回開催され、その結果は五大法律学校連合討論会雑誌や同筆記として博聞社や博文館から出版されている。話は明治二三年代の話に戻るが、日本法律学校の創設に絡んで、五大法律学校共通の利害に関する問題とされたことがある。それは、日本法律学校（現日本大学）の創設者山田義顕が、第一次伊藤内閣、黒田内閣、第一次山縣内閣、第一次松方内閣と歴代内閣の下で司法大臣を務めた地位を利用して、整備され始めた日本の法律を講義するという大義名分を掲げ、設立に当って特恵的な待遇を受けるとの噂が広がったことである。このような世情を受けて、五大法律学校を中心に、大臣が関係しているという理由だけで特恵的な待遇が行われることを批判し、これを阻止しようとする運動が始まった。実際に明治二三年四月二三日の新聞「日本」の紙面では、山田、榎本両大臣の間で日本法律学校の特別認可について協議が整い、近日中に認可されることとなったが、既に保護金二万円が交付されたという記事がある。当時特別認可の要件として、創立して三年程度の教育実績があること、財政基盤がしっかりしていること等が必要であるとされていた。しかし、五大法律学校側の照会に対して、文部省側は、これは徴兵令上の制限であり、特別認可に関しては特にそのような制限は無いとの公式見解を示していた。二万円については財政基盤が脆弱であるとの非難を受けないよう、大臣である山田の意向を汲んで司法省が出したものと思われるが、五万円と書かれているものもあるので、当初の交付額を書いているのかも知れない。その他に、日本法律学校の創立に関してはいろいろ風説があった。特に公布された日本の法律に関して、その版権を日本法律学校に付与するとの噂があり東京府下の有志者が当局に問い合わせたところ、そのようなことは無いとの回答があった。それでも、人々の噂が絶えないと新聞「日本」は紙面に記している。また、明治二四年の代言人規則に代わる弁護士法制定に当って、五大法律学校連合会案を提出して、法案の一部修正を認めさせたこと等があったとされている。

（1）『伊藤博文　知の政治家』瀧井一博著　中央公論新社　二〇一〇年四月二五日発行。
（2）『官僚制の研究　不滅のパワー　一八六八―一九八三』秦郁彦著　講談社　一九八三年五月二五日発行。
（3）『トップシリーズ中央大学出身』編者　ダイヤモンド社　昭和四三年六月一三日発行。
（4）『大学の誕生（上）帝国大学の時代』天野郁夫著　中央公論新社　二〇〇九年五月二五日発行。

第三章　東京法学院の時代

1　英吉利法律学校から東京法学院へ──三学院連合構想──

（1）玄耳の学んだ時代

玄耳が上京した年の明治二二年二月一一日に大日本帝国憲法が発布され、伊藤博文の構想する日本の近代国家建設のスタートが切られた。この日の報道合戦で、後に玄耳が社会部長を務めることになる東京朝日が、憲法の内容を他社に先んじて大阪朝日に電報で伝え、大きな評判となった。東京朝日は社主の村山竜平が星亭の経営する「めさまし新聞」を買取り、前年の明治二一年七月一〇日に生まれたばかりであった。その他、新聞「日本」は玄耳が東京法学院に入学した明治二二年の二月一一日に陸羯南によって創刊されたが、これには、英吉利法律学校の創立者の一人であった高橋健三が関わった。この新聞では、後に玄耳が入社した頃の東京朝日の主筆池辺三山や、大阪朝日の鳥居素川、長谷川如是閑などが育った。また、この新聞は子規の作品、特に俳論、歌論を集成する舞台を提供した。玄耳の将来の舞台を取り巻く様々な事柄も同時並行的に進行していた。この頃から、日本の近代国家の形成過程で政治と社会をつなぐ新聞が大きな役割を果たす時代が始まったといえるかも知れない。近代史にも名を残す多くの新聞がこの時代に生まれ、或いはまた、大きな変化を遂げた。杉浦重剛はその一つである、新聞「日本」の創設期を担う中心的な人物の一人であったが、増島六一郎が主唱した東京学院連合の構成員である東京文学院の創設者でもあった。しかも、増島校長の後を受けて東京英語学校の校長となったように、増島とは極めて親しい間柄であった。

杉浦重剛とともに、この新聞「日本」の創刊に関わった千頭清臣は、開成学校で増島と酒を飲み、日頃から学生の扱いが悪い寮監への「制裁」事件を起こし、或いは資料によっては、明治天皇から下賜された制服を貶す同輩学生を襲ったとして退学になった仲間であった。二人とも直ぐに復学を許されたがそれぞれ優秀な成績で卒業して留学している。特に増島は首席で卒業し、英国のミドルテンプルで学び、バリスターの称号を得た。後に、新聞「日本」の紙上でバリスターといえば増島、増島といえばバリスターと書かれている。また、千頭清臣も杉浦重剛の後を受けて東京英語学校の校長となった。バリスターは英法諸国では法廷活動を行う弁護士で法廷弁護士と呼ばれる。ソリシターと呼ばれる事務弁護士とは役割が異なる。バリスターは法廷での弁論、証拠調べを担当し、ソリシターは依頼人の法的相談に応じ、主として法廷外の訴訟活動を行う。法廷での訴訟活動が必要となると、バリスターに依頼する必要があった。

ところで、憲法発布の日、森有礼が暗殺された。森は、ドイツ滞在中に、帰国寸前の伊藤博文からの指示で、グナイストからドイツの教育制度について学び、教育制度を通じて日本のエリートシステムを作り上げた男である。篠田鉱造はその著書のなかで、「憲法発布式の暗殺」と題してその時の暗殺の状況を「伝聞」として書き残している。政府がこの事実を意図的に祭典終了まで隠蔽していたことも人々に事件の様子が知られるのが遅れた理由の一つではあるが、「伝聞」として扱われているのも、情報の伝達手段が現在ほど迅速且つ正確とはいかなかったことを表しているのかも知れない。大礼服を着た森有礼が、宮中の憲法発布式に出ようとして官邸の階下に降りてきたところを、国学者をもって任ずる西野文太郎に国賊と罵られた上、横合いから抱きつかれて、出刃包丁で刺し殺された。西野はその場で護衛の座田《さいだ》重秀《しげひで》に仕込み杖で切り捨てられたが、そのことが、号外などなかった時代に街中の噂になったと篠田鉱造[1]は、書き残している。殺した理由は、「森大臣が、伊勢大廟へ上がり、ステッキで御簾を上げた非礼を憤り、欧化の先覚を衒い、国体を忘れた国賊行為を悲憤した」のだとしている。

西野文太郎は内務省の役人であった。新聞「日本」には、この男が格別狂信的な男ではなかったという記事が、たびたび掲載されている。世間ではこの男の行動の理由に深い関心を持っていたということであろう。一方で、学制の確立に貢献した森有礼の受難を悼み、多くの公立学校の生徒がその追悼行事に参加する様子も併せて報道している。伊藤博文の目指す近代国家の幕開けは凄惨な事件で始まったが、その事件が直ちに知れ渡ったわけではなく、街中は奉祝気分に沸き立っていた。帝国憲法発布という歴史的なこの日、英吉利法律学校も朝早くから学校名の入った幟を立てて行進した。校長増島六一郎が騎馬に乗り先頭に立った。

増島六一郎は祝賀行事から学校へ引き上げた後に、英吉利法律学校と東京英語学校の生徒に対して、大日本帝国憲法公布と帝国議会の召集の意義を説き国民の知識や経験が未成熟であるので、政治家は国民が被害を蒙らないようにする義務があると説示した。ただ、新聞「日本」は学生達が増島の話しぶりの中に、憲法発布が時期的には少し早過ぎるとでもいうような、やや消極的な匂いを感じ取ったようで、口笛を吹くなど、同調できないという態度を示したと伝えている。それでも、増島は最後に、英吉利法律学校と東京英語学校の生徒達が、行進の途中他校の生徒達に、進路を妨害されたにも拘らず、騒ぐことなく冷静に対処したことを褒めたと記している。さらに、新聞「日本」は、明治二二年五月一五日の紙面に「各学校学生の奉祝の余聞」という記事を掲載しているが、学習院や農林学校予備校と共に、東京英語学校と英吉利法律学校の生徒が連携して、校長増島の指揮に従い、至る所で万歳を唱え、校長が乗っている駿馬の速足にも劣らない駆け足を試みる様子は、勇気に溢れていて若い人たちらしいと好意的な記事を書いている。なお、伊藤博文が執筆した「帝国憲法義解」を腹心の伊東巳代治が英訳した『英訳帝国憲法義解』を明治二二年六月二八日に英吉利法律学校が出版し、版権を取得している。(2)本体の伊藤博文の『帝国憲法義解』の版権は国家学会が取得した。(3)

明治二二年七月二五日付新聞「日本」の広告欄には、伯爵伊藤枢密院議長著伊東枢密院書記官長訳英吉利法律学校藏版「英文帝国憲法義解」が日本橋区丸善商社書店、神田区敬業社の二社から販売される旨掲載されている。その隣には法学協会雑誌の広告も出ており、創刊されてさほど日は経ってはいないが、新聞「日本」には第一高等中学校の生徒募集の広告、後には帝国大学等の官立学校の学生募集、官報の広告等も掲載されている日もある。社会的にはそれなりの影響力を持つ新聞として認知され始めていたのであろう。憲法公布の日、漱石も第一高等中学校の生徒として「宮城の遊園所右側に整列して、新しく英国からとりよせた六頭立ての馬車で青山練兵場に向かわれる天皇皇后両陛下を奉迎する」列のなかにいた。漱石は親友米山保三郎の勧めにより前年の九月、本科一部（文科）に進学し、英文学を専攻することにきめていた。[4] この時帝国大学、高等師範学校、第一高等中学校、高等商業学校、職工学校、高等女学校、東京音楽学校の生徒たちが初めて「万歳」を三回歓呼した。それは、文部省がその手順を検討し、直前の二月七日に各学校を通じて指導したものであった。[5] この帝国大学体制の時代を迎える少し前の「当世書生気質」の時代の書生の心を捉えたのは、福澤諭吉の『学問のすゝめ』であった。明治一〇年代の学生生活を描いたという『当世書生気質』は、坪内逍遥の『小説神髄』の実験的作品だといわれているが、明治一七年九月の子規達の予備門入学前後の学生生活を対象にしたもののようだ。その予備門は、明治一〇年の四月に東京大学の開校と同時に、東京英語学校と東京開成学校予科を統合して開設されたものであった。二〇〇九年一二月六日に放映された、NHK「坂の上の雲」第一部、第二回「青雲」では、玄耳の心をひきつけた子規も主役の一人として登場する。また大学予備門の同級生として漱石も登場する。このテレビドラマでは、子規が、親友秋山真之の兄好古の家で二人の大学予備門入学の祝いをしてもらう場面がある。その場面では、子規が真之の兄好古に、今の世で誰が一番偉いかを尋ねたのに対して、好古が、「福沢諭吉」と答え、子規と真之が異口同音に『学問のす、め』と答える。それによって、この本が当時の若者達によく読まれていたことが暗示されている。『学問のす、め』に盛られた福沢の思想は、当時の時代背景の下でのみならず、現代においてもなおその魅力を失っていない。彼の『文明論之概略』などと共に当時の若者達に大きな影響を与え続けていたのであろう。ところで、漱石や子規達が辿った正規のルートから外れた苦学生達の状況はどうだったのであろうか。明治二二年に上京した玄耳達の学生生活においては経済的にも社会的にも大きな変動があった。玄耳はその著書『故郷他郷』の中で、自分が使った苦学生にことよせて、現実に流されないで苦学生としてやりぬくには相当の覚悟が必要であるなどと述べているが、実際は玄耳の実体験から滲み出た本音に違いない。苦学生玄耳が法律を学んだのは、徒手空拳で世に出るための手段として割り切っていたのであろうか。強い関心を持っていた中国研究の下地となり、得意分野でもある国漢学を、国学院や独逸学協会学校で聴くことによって、苦しい現実との葛藤を凌いでいたのかも知れない。

国学院は明治二三年に開学したが、明治二三年一一月一四日付新聞「日本」に出された国学院の生徒募集広告では、本科及び撰科の授業をこの月の一〇日から開始したことを告知している。既に前年に英吉利法律学校に入学していた玄耳の経済状態で複数の学校に通う余裕があったのかという疑問も残る。双方の学校の正規の学生であったとすると、学業の面でも相当負担が大きかったのではなかろうか。当時新聞「日本」には、東京法学院の試験で新民法を出題したこともあろうが、及第点の五五点以上を取れなかった者が多く、再試験を行うという記事も出ている。玄耳はその著書の中で、玄耳が余り登校せず、講義を聴いていなかったので、民事訴訟法の試験で、理解できない講義録を丸暗記して結構うまくいったなどと述べていることもある。また、英吉利法律学校の卒業生の懐古談からみても英吉利法律学校の講義では、多くの教師は聴講券が無くても受講を咎めなかったという。当時の書生はどの学校にも自由に出入り出来た可能性も高かった。後日玄耳が自身の作品である『鈍語』の中で回想しているところによれば、子規に添削を依頼した俳句

雁鳴くや新民法の解し難き

に重圏（◎）をつけて返されてきたときは、登用試験に合格して官報に載った時に比べても、勝るとも劣らなかったという述懐があるが、法律の勉強は飽くまで身過ぎ世過ぎの手段と割り切り本心は別の所にあったのかもしれない。ところで、この登用試験に合格した時というのは、玄耳が判事となるための高等文官試験や判検事登用試験だとすると、東京法学院の卒業資格が必要である。また少なくとも玄耳が卒業した明治二五年以降、福島県平区の裁判所に勤務したとされる明治二七年の間に実施されたものでなければならない。しかし、筆者の調べた

限りでは、玄耳がその間に実施された高等文官試験や判検事登用試験、弁護士試験等に合格した記録は出てこなかったので、多分明治三〇年に陸軍の法官部理事試補の試験に合格して官報に載った時のことではなかろうか。従って、谷口雄市が渋川玄耳略伝の中で、東京法学院、国学院、独逸学協会学校の三つの学校でどの順序でどのような形で学んだかという疑問を持っていたことを考えると、国学院の正規の学生としてではなく、興味のある講義を聴講していたという事はあり得たのであろう。なにしろ、国学院の講義を聴いている時期に妻となる松村イヨと知り合ったということになっている。玄耳が国学院に通ったことについては書いていないとはいっても、全く縁が無かったとはいえないであろう。また、玄耳が卒業後官途に就くための受験勉強をしなかったとすれば、松村イヨと結婚し、福島県の平区裁判所に勤務したとされる明治二七年までの間に国学院の正規の学生であった可能性も無いではない。ただ、玄耳の置かれた環境から見る限りその可能性は低い。なお、独逸学協会学校についても伊藤博文等、時の権力者たちの将来の国家像を踏まえて、独逸学研究の必要性が意識され、政府や学会の有力者等によって独逸学協会が設立されたが、明治一五年には中学校が、そして、翌一六年には法律専門学校に相当する専修科を設けた。この学校では、和漢学を除き全てドイツ語で授業が行われていたとされているが、玄耳が、その後ドイツ語を集中的に学んだという記録も特に残ってはおらず、既に東京法学院を卒業した玄耳がその経済環境から見て、改めて専門学校に行く必要性は少ない。従って和漢学の講義の聴講以外で独逸学協会学校に通うという可能性も低い。

独逸学協会学校については、『日本鉄道物語』[6]の中でも「独逸学協会学校は創立が明治一六年一〇月、立憲君主政体の独逸学を修め、英学に対抗する政府与党的な立場をとった学校で、和漢学以外は全てドイツ語で講義が行われていた」としている。ただ、玄耳の上京が、明治二二年の早い時期で、例えば独逸学協会中学校で、九月の専修科入学の為に独逸語を学んでいたとする可能性も全くないわけではない。玄耳は法学生としてどんなタイプだったのであろうか。筆者が昭和三〇年代前半に大学で学んでいた頃、ラードブルッフの『法学入門』[7]を読んでいた人が多かったが、その中で、ラードブルッフは法学を学ぶ学生を三つのタイプに分類している。

第一のタイプは、あまり感心できないタイプで、「学問などに関心はないが、入学してから最初の一、二学期の間は何の屈託もなしに酒、女、歌でさわいですごし、そして後でにわかじこみの試験勉強でうめあわせをすれば苦もなくやって行けるという俗説につられて法学部にくるか、そうでなくてもせいぜい法律家のもつ社会的な地位にひかれて法学に志す人々である。」

第二のタイプは、「知的側面のみが発達して、特にすぐれた精神的人格を持たぬ青年である。

この種の人々は、すぐれた理解力にめぐまれ、特にはっきりした好悪がないために、学科のえりごのみをせず、中学や高等学校ではあらゆる科目にわたって均等に優秀な成績を示す模範生となる。彼らは親の希望によって、又は特に他の学問に志すほどの格別の関心もないままに法学部へ入ってくる。法学生として、彼らは、実質的な興味によってかきみだされない冷静で論理的な性格のゆえに、相当な成績をおさめる—少なくとも、法律家の仕事が今日でもなお多くの場合形式主義的な非創造的なものであるかぎり。ゆえに学者たると実務家たるとを問わず、今日の有能な法律家の大多数はこのタイプの人々によって占められている。」

第三のタイプの人は、「つよくしかも繊細な感受性にめぐまれ、哲学的、芸術的、社会的乃至人道的傾向を持ちながら、外的事情—たとえば、著述家や学者などのようなつねに経済的に不安定な職につくだけの資力がないことなど—のために、又は内的な事情—たとえば、芸術へのすぐれた観賞力をもちながら、芸術的創造力を欠いていることなど—のゆえに、自分が本当に興味を持つ方面で身を立てることができずに、法学へ逃避する人々である。このタイプの人々は、法学をえらべば、おそらく、知的にも感情的にも、時間と精力を節約することができ、その余裕を利用して自分が本来興味をもつ方面に精進することもできようと考えて、法学部に入ってくるのである。この種の法学生のうちある者は学生ボエーム生活に身を入れすぎて落伍し、ある者はジャーナリズムに入ることによって天職乃至はその代用物への道を見出し、またある者は諦観して法律関係の職につき、場合によっては彼らの生来の好み――それは法学とは一見全く隔絶しているように見えるが――を有効に利用して法律家としての職業活動に実をむすばせ、重要でしかも独創的な学問上の業績を残すことも少なくない。しかし、とにかく、これらの人々はかならず少なくとも一時はその職業のゆえに内面的な悩みを経験するのである。このなやみは、法律家以外では、おそらく若い神学者のみが知るなやみである。何となればデリケートな知的良心と学問へのつよい尊敬の念とのゆえに、このタイプの若い法律家ははじめに考えたほど法律家の職業を安直にうけとることができず、内心では嫌悪する《法律の》精神を日ごとにますます熱烈に抱擁せねばならぬ立場に追いこまれるからである。文学史をひもとけばこの種の人々の実例は枚挙にいとまないほどである。」としている。

「学生ボエーム生活」というのは、ここでは単純に知的に放縦な生活とでも理解するのであろうか。玄耳は三年間の東京法学院在学中にはそれほど目立つ学生ではなかったようだ。しかも、授業に熱心だったか疑わしい痕跡も残っている。だからといって遊びまわっていたとも考えられない。第三のタイプに近かったのではないかと思われるふしもある。ただ、玄耳の学んだ時期は国も社会も学校も大きな変化の時代であった。したがって、先の保証のない私立法律学校の学生にとっては、その前後の学生時代よりも、より厳しい環境にあったといえよう。

（2）玄耳が学んだ学校

遡って玄耳が学んだ東京法学院の前身である英吉利法律学校の創立の経緯を簡単に紹介しよう。増島六一郎等一八名の英法学者によって、明治一八年七月一一日に英吉利法律学校として東京府の私立学校設置認可を受けたが、開講は九月一〇日であった。場所は廃校となった三菱商業学校の跡地である神田錦町二丁目二番地で、その後に出来て、同じく廃校となった明治義塾法律学校の施設を利用しての開校であり、東京英語学校と同時に開校された。増島六一郎が岩崎弥太郎から取得したもので、双方とも増島が校長であった。その直後の九月一九日に江東の中村楼で開校式を挙行した。『明法志林』一〇五号を引用した『中央大学百年史』[8]によると、当日は天候にも恵まれ、来賓も早くから参集し、予定の三時の二〇分も前に大半が壇上に着席していたという。来賓の顔ぶれも、大審院院長玉野世履、参事院司法部長鶴田皓、検事長渡辺驥、東京府知事渡辺洪基、慶応義塾福沢諭吉、専修学校相馬永胤、政友会の犬養毅、三井の中上川彦次郎、米国全権公使カークウード、英国領事ロバートソン、代言人ラウダー、ヘラルド紙記者ブルーク、メール紙記者プリングリー、その他創立者や学生を含め二〇〇人から三〇〇人が出席したという。『明法志林』は国文社の発行で、「東京法学会」が中心となっていた。その法学会は専修学校の相馬永胤に増島六一郎が協力して創設したものであった。しかし、『明法志林』を創刊したのは英吉利法律学校の創立者の一人であった高橋一勝で、明治一四年三月であった。玄耳の入学した頃、編輯人は高橋一勝、主幹は鳩山和夫、印刷人兼社主は山田喜太郎であった。翌年には主幹が増島六一郎、編輯人が高橋一勝、印刷人が元田肇、持主が岡山謙吉と全て英吉利法律学校創立者となった者達となっていた。英吉利法律学校は、法典の存在しない日本の現状を踏まえて、法典に頼らない英吉利法の研究が最も実際に適するとの認識を基礎としていた。法理論と同時に判例を重視し、英吉利法の理論と実務の教育を通じて新しい日本の法律の進展に貢献し、法律の適切な運用のできる人材を生みだすとともに、広く社会に法律知識を普及することを意図していた。学校創立の当初から通学できない若者のために、現代の通信教育制度に相当する院外生の制度を設け、学校での講義を直ちに講義録として印刷して院外生に届けたのも同様の趣旨であった。そのほか、法律はその国の文化や言語に根差す部分が大きいとする増島六一郎の認識を受けた原書科の設置に伴い、高価な原書の翻刻についても、講師である外国人教師の協力を得て推進した。『図説中央大学　一八八五⇕一九八五』によると、イギリス法が判例を重視したのを受けて、増島六一郎は判例を整理し、明治二一年七月には『裁判粋誌』を発刊した。民事の判決の重要なものを選んで民事集とし、刑事の判決のそれを刑事集とした。大審院は、明治二八年七月から大正一二年まで東京法学院に大審院判決録、行政裁判所判決録の編集発行を一切委ねることとしたが、これらの実績が、その理由の一つとなった。東京法学院はこの判決要旨のみを編集した『大審院判決要旨類集』も併せて発行したため実務家に歓迎された。

増島六一郎は弁護士を退いた後も、英米法研究の発展に資するため、自邸「芳暉園」にアメリカの弁護士協会や友人の協力を得て、英米の法律書数千冊を擁する文庫を設立し、「正求律書院」と名付け、研究所と弁護士養成機関にしようとした。昭和九年にはその維持運営のため「財団法人正求堂財団」が設立されたが、第二次世界大戦後英米法の研究が盛んとなり、その活用が求められたため、財団所蔵の法律書全てを最高裁判所に寄託し、その図書館に置かれて「正求堂文庫」として利用されている。その他、建学の趣旨を社会に普及するため、創立者の一人である渡邉安積が中心となり、英吉利法律学校の関係者が協力して、学校創立の翌年の明治一九年一一月二六日に、週刊の法律雑誌『万国法律週報』を錦水堂から毎週金曜日に発行した。しかし翌年の二月に渡邉が病死し、編集者や出版社が幾度か変わり、週刊から旬刊となって内容も変化し、次第に創刊の趣旨から遠ざかっていった。そのため、英吉利法律学校との縁は薄れていくこととなった。そこで、英吉利法律学校では、別に「法理精華社」を設立し、『法理精華』を創刊した。創刊号は玄耳が英吉利法律学校に入学した年の一八八九年（明治二二年）一月三日付で、編集人結城朝陽、発行人粟生誠太郎であったが、実際は刑法学者江木衷、英吉利法律学校を卒業したての花井卓蔵が編集の中心となっていた。発刊予告では論争を厭わない「挑戦的な誌面」を強調していた。創刊号の表紙も奇抜で雲間にＲＩＧＨＴ、ＬＡＷが飛翔し波間にＲＥＣＨＴ、ＤＲＯＩＴが浮遊する図柄で、英法の優位を暗示する挑発的なものであった。穂積陳重が後にそのことを微笑ましいものとして回顧しているが、当時は法学界の英法派と仏法派との激しい対立が法理精華の表紙の意匠となったものだとしている。その後も表紙の意匠はユニークなものが続いた。内容的には増島六一郎、山田喜之助、奥田義人、菊池武夫、江木衷等の法典反対や延期の論文が掲載され、英法派の拠点となった。法学協会雑誌からは通俗雑誌と揶揄されながら、「文苑」という欄では「縦横上下自由自在」を標榜し、自由闊達な意見が展開された。二〇号からは花井卓蔵が編集人となり、法典延期派の先鋒となった。そして、第三八号の出版に際してその内容が出版条例違反とされ、発行許可が取り消された。そこで、『法理精華』の精神をそのまま引継いで創刊されたのが、東京法学院の機関紙『法学新報』であった。引続き法典延期派の拠点となった。この雑誌は今も中央大学法学部の機関誌として存続している。当時活躍していた東京大学、帝国大学の出身者の中では英法出身者が多く、それらの卒業生で組織していた法学士会の中心も英法出身者であった。しかも彼らが英吉利法律学校の設立に関与していた。また、伊藤博文等当時の指導者達の関心事も、憲法制定を初めとする日本の法律の整備が不平等条約の改訂問題と絡んで大きな関心事であったことは疑いのないところである。法典論争の結果、延期派の主張が受け入れられ、明治二三年に施行される予定であった民法は、人事編を除いて施行が延期されることになった。結局民法は明治二九年に施行される迄に、ボアソナードの編纂によって仏蘭西民法典を範として出来上がっていたものが、延期された間に、その枝葉が切り落とされ、独逸民法典を参酌して再編された上で施行されることとなった。

百年以上経過した現在その見直しが債権法を中心に行われており、平成二五年の春現在中間試案が取りまとめられている。特に抽象的な規定の多い日本民法について、判例で積み上げられた精緻な理論を極力明文化することや、従来含まれていなかった約款を規定に取り入れるなど、国際化や社会経済の発展に対応するほか国民に分かりやすい民法とするという。ところで、玄耳が通ったとされる国学院は、玄耳が上京した明治二二年には未だ講義を開始していなかった。したがって、国学院に先に入学したということはない。独逸学協会学校は、後に卒業生の一部が第一高等中学校に無試験で入学することを許されたように、日本の行政組織がプロイセンの強い影響を受けて出来上がっていたにも関わらず、当時帝国大学の受験者に独逸語を選ぶ者が少なかったこともあり、国や皇室から手厚い保護が行われていた。上京後玄耳が最初にこの学校の門を叩いたとしても不思議はないが、独逸語の素養のない玄耳にとっては負担が大きかったかもしれない。前述のように、当時独逸学協会学校では国漢学以外は全て独逸語で授業が行われていたからである。従って、玄耳が官途を目指していたとすれば、消去法的にいっても、既に刊行された伝記の中に挙げられている三つの学校、独逸学協会学校、国学院、東京法学院（英吉利法律学校）の中では、東京法学院が最も無理のない選択だといえよう。

（3）英語法学科―原書と英語による講義

玄耳が入学した東京法学院の英語法学科は、英吉利法律学校として設立した当初は日本語で授業が行われていたが、初代校長の増島六一郎は設立当初から英語で講義したいという強い意欲を持っていたようだ。当時の司法省法学校、東京大学法学部での原語による法学教育を念頭において、増島自身が、その国の文化と法律が密接な関係をもっており、英国の法律は英語で学ぶべきだという信念を持っていたからである。増島は英吉利法律学校の開校式の演説も英語で行い、「終に英語を以て英吉利法律学を教授する日のあらんことを渇望するなり」と述べたという。そして、設立の翌年の明治一九年六月には原書科を設置した。法学協会雑誌にも紹介されているように、英吉利法律学校の生徒数は順調に伸び校舎も増築して、原書を含む蔵書も増加したので図書館も設置された。朝野新聞の広告でも、「本校は益校務を拡張し、従来の通常科の外更に原書科を設け、専ら英米の原書に依り法律学を教授し、原書は本校より貸与す、束脩月謝とも通常科と同じ、二科兼修の者は月謝金一円五十銭とす」とされている。(9) 束脩《そくしゅう》というのは、古い時代の中国では入学、入門の際に、弟子となる者が師匠に対して謝礼として納めた金銭や飲食物を指すとされるが、当時は入学金のようなものと解されたのであろうか。当初の応募者は四〇人で、翌明治二〇年の九月には一八三人が応募して、順調に船出した。(10) 以下同じく前掲の『中央大学百年史』によって、玄耳の入学した頃の英吉利法律学校、若しくは東京法学院の状況を見てみよう。玄耳が入学した明治二二年頃は、授業料は前月末日が納入期限で、授業料の納入と引き換えに聴講券が交付された。聴講券は毎月更新されたが、生徒は聴講に当たって聴講券の携帯を義務付けられており、聴講券を携帯しない生徒は教室への入室を禁止されていた。しかし、玄耳とは入れ替わりとなった卒業生国枝寿賀次の回顧するところでは、出席簿を真面目に記録していたのは、校長の増島六一郎だけで、その他の先生は全く出入りを咎めることはなかったという。当時一学年は、九月一一日から翌年の二月一〇日までが第一学期、二月一一日から七月一〇日までが第二学期とされていた。各学年の試験に合格すると、学年就学証書が交付され、三学年揃うと、卒業証書を授与された。この就学証書は、編入などでも使われていたようで、他の法律学校の就学証書があると無試験で編入された。玄耳の在学中の明治二四年四月に、校長の増島六一郎が辞任し、菊池武夫が新たに校長となった。菊池は南部藩の出身で、藩校時代は原敬や新渡戸稲造らと同窓であった。校長に就任すると直ぐに、司法省民事局長に任命されるが、一月ほどで辞任し、代言人となって学校経営に専念することになる。増島六一郎が校長を辞任した理由については、表向きは代言人の仕事が忙しくなったということであった。しかし、国内法が整備され、外国法研究が主流から外れ始めたことや、増島が主導してきた私立の総合大学を目指した東京学院連合構想が挫折して、学校経営に意欲を失ったのではないかと見る向きもある。規約を定め、事務所を設けて、新聞広告も出したが、新たに参加を申し出る学校がなかっただけではなく、メンバーのうち東京医学院が、なかなか開校できなかったこともあったようだ。しかし、新聞「日本」の明治二三年の記事や広告を見ていると、今まであれほど出ていた英吉利法律学校関係の記事が、東京法学院に名称を変更してから半年以上ほとんど出なくなったことや、東京法学院の広告も見なくなったこと、それに比べると、東京文学院、東京医学院の広告は少しも減っていないことなど目立った変化が起こっている。そして、東京文学院や東京医学院の広告には東京学院連合のことはその後一行も触れられていなかった。ただ、東京文学院が、東京法学院や東京英語学校と同一番地に置かれていたため、東京文学院は東京英語学校が改称したものだと誤解する向きがあったようだ。東京英語学校はわざわざ、東京文学院はまったく別物であるという広告をだしている。当時東京英語学校は、官立諸学校の受験生を対象とする予備校として、一時期第一高等中学校進学者のトップ校だったようだ。明治二四年に尋常中学私立日本中学校として尋常中学校に改組された。現在の日本学園中学校・高等学校の前身である。増島の当初の意図は、英吉利法律学校で、英語による講義を行うために、英吉利法律学校入学者の英語力を充実させるのに役立つ学校とする筈であった。しかし、それでは学校経営の維持が難しかったのであろう。また、玄耳が入学した明治二二年に、四代の内閣で司法大臣を務め、国学院の創始者の一人でもあった山田顕義が、司法省の手厚い庇護のもとで、一〇月四日に日本法律学校を設立し、翌二三年九月二一日に金子堅太郎を校長として開校することとなった。明治二二年五月二四日、増島六一郎はこのような一連の動きを警戒し、五大法律学校の生徒を相手に英吉利法律学校で、「五大法律学校の将来」という講演をおこなったことについては既に述べた。

2　入学試験

設立当初は英吉利法律学校規則に基づき校内生と校外生に分けて募集した。さらに、校内生を正員と院外生に分けていた。正員は定期的に試験を行いその合格者を入学させ、院外生は受講料を払って随時入学が許された。正員の入学時期は九月とされていた。その他に、英吉利法律学校は、前述したように、設立当初から校外生という制度を設けていた。今でいえば通信教育制度である。正員の入学資格は一八歳以上の男子で試験に合格した者である。試験科目は作文、読方、書取で、問題の出典は、歴史書、新聞、法律書であった。翌明治一九年に学校規則が改正され、正員は第一科と第二科に分けられた。第一科は日本語で講義が行われ、第二科は増島の意向を受けて、原書を使い一部英語で講義が行われた。入学試験も、第一科は国語（仮名交じり作文）、漢文（講読、白文、訓点類）、数学（四則、分数、比例）、地理（万国地理）、歴史（万国歴史）で、尋常中学校の卒業免状を持つ者は試験が免除された。第二科は、第一科の科目に加えて、英語学の作文、素読（マコーレ氏　スチング伝、ギゾー氏　万国史）の試験が行われた。尋常中学校の卒業免状を持つ者は英語学のみが課せられた。玄耳の入学の一年前、英吉利法律学校が特別認可学校に指定された後の、明治二一年七月の入学生募集広告によると、特別認可生と普通学生に分けて募集されている。特別認可生の試験科目の程度は尋常中学校の科程に準拠する旨注記されているが、科目別の内容はさらに詳細になっている。この広告でも英語法学科には英語学が課せられることも明記されている。玄耳が入学した明治二二年には既に邦語法学科と英語法学科とされていた。玄耳は英語法学科を選択した。玄耳は長崎県立商業学校を卒業しているので、英語学のみの試験だったのだろうか。玄耳が入学することになる英吉利法律学校の明治二二年七月七日の新聞「日本」に掲載された入学生募集広告では、志願者は英語法学科及び邦語法学科ともに、九月五日までに教務係に申込むようになっている。この後七月二五日には独逸学協会学校の募集広告も出されている。ところで、玄耳が上京する直前である明治二一年頃の法学協会雑誌には、英吉利法律学校関係の記事が多い。当時英吉利法律学校の通学生は一、三〇〇名内外で、校外生の申し込みが二万名を超えたため、共用する講義録の印刷費などが大幅に減少し通学生の授業料が値下げされたなどという紹介記事がある。また設立後、日が浅いのに学生の閲覧に供する和洋法律書は原書を含め二千百五十冊にも達したとして図書館の充実振りを紹介する記事もあった。さらに、英吉利法律学校校友会規則なるものも掲載されている。そして、その規則では、校友会で雑誌を発行するまで法学協会雑誌を校友会誌とする旨定めている。玄耳が入学した年、憲法が公布される直前の二月七日―既に紹介したようにこの日は、文部省が公立学校を通じて、その生徒達に万歳三唱の指導を行った日とされてもいるが―英吉利法律学校の第三回の卒業式が行われ、初めて純粋な英吉利法律学校育ちの卒業生が出ている。これは前年に行われる予定の卒業式が延期されたものである。従って、同じ年の九月二八日にも第四回の卒業式が行われている。それ以前の卒業生はいずれも第二年次、第三年次への編入生が主であった。正確には卒業証書授与式であるが、この第三回の卒業生の中には、後年村松梢風の「花の弁論」で知られる花井卓蔵がいた。この花井は後に私立大学出身初の法学博士となったが、刑事弁護士の第一人者といわれた。この分野で、足尾鉱毒事件、大逆事件の弁護士として活躍したほか、日比谷焼打ち事件、シーメンス事件、米騒動、満鉄疑獄等多くの重大事件を担当した。衆議院議員、貴族院議員としても活躍した。衆議院では副議長も務めた。

この花井卓蔵が扱った事件の中で、「白虹事件」というのがある。大正七年の近畿新聞通信社大会に関する大阪朝日の記事が原因で新聞界全体に大きな影響の生じた事件であった。森田一雄前掲書でその経過をみると、東京朝日退社後の玄耳も、第一次世界大戦には、国民新聞社と博文館の嘱託の記者として従軍した。戦争は意外に早く決着し、日本は大陸に足掛かりを得て戦後景気に沸いていた。しかし、米価が異常に上昇して庶民を苦しめていた。理由はシベリア出兵をあてこんだ米の買い占めと売り惜しみであった。各地で米騒動が頻発し、その範囲は一道三府三七県に及んだ。寺内正毅内閣はこれらの民衆に向かって軍隊を出動させて鎮圧した。米騒動は八月ごろピークに達した。これに対して大正七年八月二五日、西日本の新聞関係八八社の代表一六六名が大阪中之島で近畿新聞通信社大会を開催し、政府が米騒動の報道を禁じたことに抗議して寺内内閣の退陣を要求した。その状況を報道した大阪朝日の記事が直接的な引きがねとなった。社会面に掲載されたその記事の中に「白虹日を貫く」という一節があったが、これを大阪府警察部新聞検閲係が新聞紙法違反として内務省に報告した。内務省は直ちに記事が載った夕刊を発禁処分とし、記者と編集人兼発行人を大阪区裁判所に告発するよう指示した。報告から告発までの措置は一日という素早さで行われたという。この記事を書いた社会部員の大西利夫と編集人兼発行人の山口信雄が起訴された。そして編集局長鳥居素川や玄耳の東京法学院の後輩、社会部長長谷川如是閑も参考人として事情聴取を受けた。当時の司法大臣松室至は内務大臣後藤新平の内意を受けて、不敬罪を適用し重罪として処理する方針であった。その背後には、全国一の発行部数を有する大阪朝日が民本主義を称揚し、米騒動やシベリア出兵で政府非難の先鋒に立っていたため、この事件を奇禍として大阪朝日を廃刊に追い込む方針であった。当時大阪朝日が受けた発売禁止処分は、一〇カ月で一〇回を超えたという。「白虹日を貫く」というのは、『史記』の中に戦国時代の燕の刺客荊軻が、秦の始皇帝の暗殺に赴いた時、白い虹が太陽を貫くように見えたことから、国に凶事の兆しがあるという故事をさしたものという。始皇帝を天皇に擬えて大阪朝日が不敬に当たる記事を書いたとでもしたのであろうか。担当検事は大阪朝日の発行禁止を予告し、実際に発行禁止と担当記者大西の禁固六カ月を求刑した。この時、弁護人には玄耳の先輩である花井卓蔵のほか後の司法大臣で中央大学総長を務めた原嘉道、玄耳の恩師である江木衷など東京法学院の関係者が多数関与していた。朝日側はこれに元司法次官の小山温等を加え万全の態勢で臨んだ。これに対して検察側は皇室を持ち出して弁護側をけん制した。結局朝日側は会社を守るため、社長の村山龍平を降し、七一歳という上野理一が社長に就任した。そして、今回の事件に関わった編集幹部も経済部長の高原操を残し、編集局長の鳥居素川、社会部長の長谷川如是閑以下全員が辞表を出して去ることになった。また、社友として論壇を支えた佐々木惣一、河上肇らの京大グループも同時に身を引いた。

素川の跡を引き継いだのは西村天囚（時彦）である。大阪朝日は天囚が大正七年一二月一日に「本領宣明」を紙上に掲げて恭順の意を表し、これ以降不偏不党、公正無私、正義人道に基づいて忠孝の風を守る新聞を作ることを宣明した。世間から「詫び証文」と陰口を叩かれながらも、一二月四日の判決では発行禁止を免れ、大西も求刑よりは軽い禁固二カ月とされた。大西は控訴しようとしたが、社に強引に説得されて服役した。しかし、大阪朝日に止まることを潔しとはしなかった。この結果は、大阪朝日のみならず、言論機関としての新聞の在り方を変え、大正デモクラシー衰退の道を開く事件であったとしている。寺内内閣は一連の事件の責任をとって九月に総辞職した。後任は政友会総裁原敬である。原敬がこの新聞の対応をみて、後の治安維持法制定に向かったと考えるむきもある。なお、この西村天囚は日清戦争に従軍している。初めての近代戦でもあり、原田敬一前掲書によれば、新聞各社は、明治二七年六月とされる初めての出兵に注目していた。従軍希望が激増し、軍は八月に新聞記者従軍規則、従軍心得を制定した。全国の新聞社六六社から、新聞記者一一四名、画工一一名、写真師四名が派遣された。そして、東西の朝日は最多の記者団を派遣した。天囚はその一員として従軍したが、その異様な風体が話題を呼んだという。徳富蘇峰の国民新聞も画工を含め三〇名もの従軍記者を派遣した。その中には若き日の国木田独歩（哲夫）もいて、その軍艦搭乗記が人気を呼び後に『愛弟通信』として出版された。文語体を基調として、会話に口語体を使用した他、記号や体言止め等表記に相当の工夫がされていたという。

さて、話がそれてしまったが、前年から繰り越された卒業式が春に行われたので、この年二回目となる英吉利法律学校卒業証書授与式が、明治二二年九月二七日に行われた。一〇月一日の新聞「日本」は英吉利法律学校最後の卒業式の模様を報道したが、この日英吉利法律学校は大学への移行を企図して、東京法学院と名称を変えた。錦町の校舎の玄関に大きな国旗が掲揚され、緑のアーチが作られていた。また、軒には一面に小さな提灯を下げ美しく装飾がされていた。当日招待を受けた賓客は、一二時頃から続々と車を連ねて来臨した。午後四時頃には皆着席していた。主な来賓は、元老院審議官中村正直、九鬼宮中顧問官、辻文部次官、名村大審院検事長、北畠控訴院評定官、渡邊大学総長、外山文科大学学長その他数十名、また、外国人数名も見受けられた。既に入学していた玄耳も出席していたのであろうか。着席後、山田喜之助の祝辞があり、卒業生総代の答辞があった後に、祝宴が開かれ、皆が引揚げたのは六時頃であったと記されている。当日行った増島六一郎校長の演説要旨も次のような形で新聞「日本」に掲載されている。

「創立五年目で明治二一年度学期の卒業試験合格者数が、過去最大の一一二名であったこと、英吉利法律学校は既に基礎が確立され、国家の司法の運営に役に立つ有為の人材を養成する法律学校であって、少年壮士を養成するところではないということを世事に通じた来賓の人たちは理解してくれるであろう。今日、本学がこのように多くの卒業生を送り出し、他の法律学校を含めると年間数百名の法律学徒を世に送り出すことが国家のために喜ぶべきことなのか、密かに心配している。どんな学校でも、学問の概要を教えて、独立して自分自身で経験を積み重ねる道筋を示すだけである。およそ人間が何か一つのことを成し遂げるかどうかは、学校卒業の時に判断すべきものではなく、その一生を通しての実績について判断する外はないのである。人気の衰えが甚だしい官立学校、認可学校、代言試験、官吏登用試験の門を潜り抜け、その名に頼って、ささやかな生計の道を得ようとするような気持ちにならないこともなく、各卒業生にこのような気持ちの卑しさがあるはずがないことは疑わないが、いまこのことを一言いっておくのは無用の説教ということにはなるまい。今卒業生諸君に別れるにあたり、なお、心にとどめておいてほしいのは、諸君が英吉利法律の学を聴講している間に、かねて涵養された法律学の真髄についての有識者の識見を忘れることがなければ、その根本として学んだことを以って、我が日本の法律を実践し、その学を発展させることに関して他に劣るようなことはないだろう。

ある人は言わなかっただろうか、編纂した法律の実践を支えるのは、英吉利法律家であると。まさしく、英吉利法律家の長所を認めた言葉である。

今日、諸君に披露しておきたいのは、他でもない。本校は、この程、東京法学院と改称し、東京文学院、東京医学院と連合して共に一つの私立大学を設立する目的で連合の規約を作った。これは、小生がおよそ五年前、英吉利法律学校の開校式においていった、この難しいが全てに鷹揚な時代に、私立の学校が盛大にはなれない理由はないという事をさらに発展させようとするのに過ぎない。本校が諸君に愛され、基礎を確立できたことをもってしても、まだ盛大であるということはできないことを知るべきである。今日は昔の事というべきであるかもしれないが、本校が英吉利法律学校の名前でこの世に生まれ出たのは、まことに、我が教育上の歴史の一出来事であり、その学校が今日までわが国法律学のため、時に必要な活動をしたといっても識者諸君が許してくれるであろう。

卒業生諸君、来賓諸君、今後なお、英吉利法律学校があって、東京法学院が生まれたということを忘れないで本校に対する愛情を変えることがなければ、我々同志の気持ちも空しくなることはない。」

このなかで、筆者が傍線を附した部分については、英吉利法律学校の創立者の一人で、当時イギリス法よりもドイツ法に傾きつつあったといわれる穂積陳重が、明治一七年の法学協会雑誌第九号の紙上において、英仏独の法律を比較した上で英吉利法の性格について説明しているが、「法律の学理を後にして法律の実施適用を先」にし、その法律書は「法律実務家の手に成らざる者殆んど稀なり。故にその著書は実務家の参考徴証を目的となす者多く、其書の性質体裁皆実用に適切」とし、「学生に授くる教科書の如きも一つの法理を説く毎に必ず之に適当すべき判決例を掲げて之を証明するを以て、彼の独仏の教科書の法理のみを説き、時ありては仮設の例を挙る者と大に其趣を異に」しており、「英法を学ぶ者は常に法理と事実を相併せて之を学修」するので、「実務に敏捷」となることができるといったことを指すのではないかと思われる。(11) この頃の入学試験は九月となっているが、玄耳が英吉利法律学校の試験を受けた時の詳しい様子は分かっていない。授業の開始は当時九月とされていたが、直後の一〇月一日に東京法学院と改称されたのは前述のとおりである。玄耳の入学した頃の東京法学院は第一次の興隆期であった。当時二千名以上の通学生がいたと見られている。授業は、日曜日を除く週六日であり、午後三時から八時であった。この頃学生数が急増したため、明治二一年に辰野金吾の設計で、煉瓦造二階建、総面積三九二坪の堂々たる新校舎を建設した。八百人収容の大講堂

一、三百人収容の講堂三、図書室一、閲覧室一、講師控室一を備えていた。なお、設計後洋行した辰野金吾に代わり藤本寿吉が監理を行ったが、わが国で初めての、文書で締結された建築請負契約に基づく工事であるといわれている。これは、従来の建築請負契約では明文の契約書が無かったので、依頼人が不利な立場に立つことを憂慮していた辰野が、増島に対し英国建築約定書に基づく契約を提案したからだといわれている。請負ったのは清水組であったが英国のミドルテンプルを模した煉瓦造りで、当時の話題を呼んだ。惜しくも、玄耳が卒業した明治二五年四月一〇日早朝の神田大火で消失した。しかし、火災保険で直ちに復旧された。なお、辰野金吾も玄耳と同じ佐賀県の出身である。

3 授業の風景

玄耳が何故英吉利法律学校を選んだのか理由は明らかではない。しかし、可能性としては、長崎の商業学校時代の校長であり、英吉利法律学校の創設者の一人として名を連ねた磯部醇から、英吉利法律学校について聞かされたことがあったとしても不思議ではない。そして、創立後日が浅いにも拘らず、勢いがあって学んできた英語も役に立つという理由で英吉利法律学校を選んだとしてもそれ程の違和感はない。前述の通り、この頃英語法学科は原書を使い一部英語で講義が行われていた。しかも、同郷の辰野金吾が設計した新校舎は、重厚な赤レンガ造りで、イギリスのミドルテンプルを模した評判の建物であった。そして、事実上事務を取り仕切っていたのは同じ佐賀県出身の法学士、学校幹事渋谷慥爾であり、玄耳としては親近感を覚える学校でもあった。この頃の英吉利法律学校の授業風景をみると、前出の卒業生国枝寿賀次の回顧録によれば、学生は制服もなく、袴を着けているものも稀で、大部分が着流しであった。夜の教室の照明は電灯ではなく、ランプであり、ランプは教壇に一つと天井に幾つかが掛けられていただけであった⑫。玄耳が入学する前の年の事件ではあるが、明治二一年に岡村輝彦の英国証拠法の授業中にランプが落下し、さいわい、火災にはならなかったものの、怪我人が出たことが伝えられている。後に玄耳が東京、大阪と離れてはいるが、同じ朝日新聞で働くことになった長谷川如是閑もその著書の中で学生時代の活き活きとした教室の風景を紹介している。

長谷川如是閑は、玄耳が卒業した翌年の明治二六年に東京法学院の英語法学科に入学しており、玄耳の直系の後輩である。漱石や子規が文科大学に進学したのは、玄耳が入学した翌年の明治二三年であるが、明治二六年に漱石は大学院に進み、子規は健康上の理由もあって、玄耳が東京法学院を卒業した直後の明治二五年の暮に、文科大学を退学して新聞「日本」の記者となっていた。ただ、如是閑は入学後ほどなく病気で休学し、二年後には邦語法学科に移っている。

如是閑は、「そのころの東京法学院には、英語法律科と邦語法律科とがあったが、私は英語科の方に入った。といってもその時は、もう原書を使っていた教授は数えるほどで、私は一年の時に病気で二年ほど休校してから、編入試験で邦語科の二年に転じて、英語科にも出席していたが、原書で教わったのは、テリーの法律原論と、アンソンの契約法と、ウェストレーキの国際公法と、誰やらの私犯法とで、他に証拠法と衡平法を教わったが、これは教科書を使わなかった。

内容は何処へか置き忘れてしまった癖にろくでもないことが頭に残っていて、土方先生がアンソンの契約法の本を右手に高く捧げながら「日本でこの本の講義ができるのは、憚りながら自分くらいのものだろう」といったことや、三崎亀之助先生—外交官出身で、板隈内閣の県治局長となり、衆議院議員となって、実業界に入って、正金銀行の頭取となった—が、そのころは政府派だったとみえて、当時政府の「軟弱外交」を猛烈に攻撃していいた「対外硬」運動の連中のことを、「このごろヤンチャ連が『対外硬』などと怒鳴っているが、こんな本でも読んで勉強するがいい」とウェストレーキの国際法を叩きながらいったのを忘れない。」

ここで県治局というのは、維新後の政府の体制整備の中で肥大化した大蔵省が分割され、一八七三年に内務省が設置されたが、その際司法省や工部省の一部も加わり強大な組織となった。その後一八八五年に再編されたが、その中で地方行政を専管する部門として県治局が設置された。県治局長はその責任者であるが、三崎亀之助はその中でも著名な人物の一人である。

「それから汽車や電車に乗って時々思い出すのは、アンソンの契約法で、汽車の時間表は鉄道会社と旅客の間の契約だから、その列車の不発や故障の場合―例えばそれがため商取引を仕損じたもののあった時など―会社は莫大な損害賠償をとられることがあるのを知った。それが英国の鉄道の時間が頗る正確になった理由だと聞いて、いつも汽車の故障に逢うたびに、そんな法律は日本にこそあっていいなどと考えた。

法学院の学生たちの年齢の凸凹には、もう変則的な中学の過程で馴れ切っていた私はちっとも驚かなかったが、それらの人たちの勉強ぶりには敬服させられた。私学の故でもあったが、その人たちは、学問を学問として、いわゆるアカデミストを目がけて勉強しているものは殆どないようで、また学校を出たら法律なんか抛ってしまって卒業をただ履歴書の金箔とするために学校を通りぬけるといった気持のものも、私の接した範囲では見当たらなかった。そうしていずれも法律そのものを、世に出た後の自分の足場にしようとする覚悟をもっている人たちのように見えた。政治家、裁判官、弁護士、実業家、官吏、新聞記者というような、はっきりした目標をもっているものが多く、純法学者とか法学教授とか、そんなものを覘《うかが》っている人は、私の知る範囲では、一人も無かった。

私は先生のような親爺のような同級生から、君は何になるつもりだと聞かれて、私は弁護士になると答えたが、それは父の意図で自分は実は新聞記者になろうと考えていたのだから、そう答えた時にも、いささか心暗い気持がした。同級生たちのうちに、そんな目標のぐらついているものは一人もいないように思われたので、いよいよ自分が頼りない気がした。しかも英法の一年には既に新聞記者として有名にもなっていた茅原廉太郎（華山）が机をならべていたり、後に満鉄の理事になった野々村金五郎が、新聞記者の経験をもっているとも訊いたので、弁護士から新聞記者に断然乗りかえようと腹をきめたのだったが、それをはっきりいう勇気は、まだ自分にないのが情けなかった。なんでそんなことをびくびくするのか、われながらわけのわからない話だが、子供に往々そんな臆病な気持ちのあるのが、私には青年時代までぬけきれないのだった。」

「同級生たちは、風采から見て、先生のようなのや、政治家のようなのや、官吏のようなのや、壮士のようなのや、商人のようなのや、さまざまな社会人の群れを見るようだったが、実際また、既にそれらの職能人として社会に立っている人も少なくなかった。奥田義人先生は、親族法の講義をしていたが、条文も持たずノートも持たないで講義をして、条文の必要があると、前の生徒をさして『ちょっとそこの旦那、第何条を読んで下さい。』などといった。その時分の年配の生徒のうちには着流しで角帯の旦那風ものが多かったのである。後に知ったのだが、三宅雪嶺も、角帯の着流しで、袴をつけたことが無かった。それを福沢流などというものもあったが、強ち福沢先生だけの特徴ではなかったのである。

生徒では一寸目立ったのに、薄い頬髯を生やして、いつも遅れて来て、席がないので後ろの壁際に立って、ノートに鉛筆を走らせている豪傑風の一人があった。これは楠目玄といって、間もなく代議士になったが、その頃すでに、土佐の板垣派の領袖の一人で、凄い経歴をもっている人物だった。(13)」

玄耳自身が学生生活について書いたものもそう多くはない。書生などできるものならやるものではないと書き残していることから、余裕のない生活で余り良い思い出が無かったのかもしれない。それでも、玄耳が卒業後母校を訪れた時に学生時代を回想したものがある。しかし、回想の内容に不可解な部分もある。玄耳が卒業した年、明治二五年四月一〇日未明の大火で、校舎が焼失してしまった。そのため、神田一ツ橋の東京帝国大学の講義室で、同じ年の七月二〇日に卒業式が行われている。学校が火災で焼失して他大学の施設で卒業しながら、たとえ卒業後二〇有余年を経たとしても、そのことを覚えていないのであろうか。玄耳は自著『鈍語』の中で、

「此室に来たのは初めてだ。拙者が此の学校に居たのは二十有余年前で、卒業してから後に火災があった様だ、拙者共が学生の時に此室は講堂だった。此の講堂に就いて両個の記憶が浮かんで来る。」

として、

「一は穂積八束先生だったが、此の記憶はボンヤリして居る、学生側から何か抗議じみたことを言った様だった、それで先生がプイと怒って出てしまはれた、其れなりけりで在校中再び先生の講義を聞く機会が無かった。予が先生の風未に接したのも最後に其れ一度である。

江木先生の一件は確かに覚えておる。三年級に為った劈頭第一に先生の行政法の講義が始まった時である、一寸茲に断って置くが、当時の先生は日本第一の刑法学者であった、多分日本第一のヂヂムサイ先生でもあった。先生の蝙蝠傘は毛繻子の羊羹色のであった、羊羹にも色々あるが、先生のは灰色に茶色を雑ぜた様なものであった、何年前か新調された時には黒色で有ったらうと推定される位のものであった。洋服も傘に正しく調和した勤続的色彩を有して居た。頭髪のもじゃもじゃした具合、眼や鼻のお粗末ながらいかつげな處など、日本人といふには多くの立証を要しないとしても、東京に住まって居るパリパリの学者先生と承認さするには余程困難であった。勿論其頃の先生には今の欣々女史という内助者は未だ居られなかったのである。」

欣々女史というのは江木の妻栄子のことで、欣々というのは号である。詩、書、画、篆刻、謡曲と才媛振りをうたわれた新橋芸者であったが、大正三美人の一人とされ、社交界の花形として知られていた。愛媛県令関新平の二女。江木の死後寂しさのあまり自殺したと伝えられる。

「二年級の時（?）先生から吾々は民事訴訟法の講義を聴いた。まだ成典が無かったので、民事訴訟法原理といふ様なものを講ぜられた。僕は滅多に聴講に出ぬから何とも言へないが、聴いた者の話に依ると何だか能く判らなかった相だ。其で学年末になって試験の分量を値切りに掛ると、先生は頑として拒まれた。そこで学生側は色々に哀訴をする、中には講義が一向解らなかったと苦情を持出すものもあった。『なに講義が解らなかった』と先生の眼はギロリとしたが、忽ち呵呵と笑って『解らない筈だ』。学生席からは『先生自分にも分らないんだ』と呟くものがある。『解らないのは無理は無い、諸君の頭脳がまだ足りないからだ、よく筆記を読むと解る筈だ』と先生は昂然として居られるが、無理は無いと言われた言葉尻を取って到頭拝み倒して了って、講義録に出て居る丈の分量で試験して貰ふ事に落着した、處が其講義録といふのは僅かに三十二頁だったので学生一同万歳を唱へた（いや其頃はまだ万歳といふ言葉が流行らなかった）

さて、講義録を読み掛かったが、何度読んでも解らないものは解らない、よくよく乃公の頭脳は足りないのかなと思って、心を鎮めて読んでもどういふものか其時は分らなかったのである。そこで僕は勇猛心を起した、何にクソ三十頁ばかし暗記してしまへッ、暗記して居れァ三問の中一問位は暗記の侭書けるのが出るに相違ない、及第点は大丈夫だ、と遂に之を実行して割合に好成績を獲たことも有った。

話は初めに戻るが、江木先生が行政法の講義を始められる冒頭が斯うであった。『諸君、諸君も既に第二学年を修了せられて最早一廉の法律学者に為られた、まことに祝すべき事である。此に第三学年が始まって此の江木の行政法の講義を聴かれる程の大学者になられたのは更に大に祝すべきである…』此には学生一同どっと鯨波を挙げた、冗談に言はれたのであるものの、先生の声望は此の誇長を怪しまぬほど実際其れ位に高かったのである、先生の言を傲慢と感ずるよりも、学生達はもう此の先生の講義を聞いて一年経つ中には卒業が出來る、待ち焦がれた活社会に出られるといふ希望を裏書きされたる其の方の愉快に満ちて、意はず歓声を発したのであったらう。」

玄耳は明治二五年に東京法学院の特別認可学生として卒業した。そのことについては、中央大学の「学員名簿」の外新聞「日本」の明治二五年七月二四日（日）第一一四〇号の東京法学院卒業生氏名広告でも確認できる。この広告では特別認可学生には○印が付されている。玄耳の名前にはこの○印が付けられており、英語法学科の特別認可学生として掲記されている。しかし、何れの名簿でも「澁川柳二郎」と記されている。特別認可学生は試験を経ないで判任官に任官できるなどの特別の資格が付与されていたため、その管理が厳格に行われていたとすれば、何故名前の誤記が生じたのか疑問もある。それとも当時の一般的な表記では、「次」と「二」は同一であると認識されていたのであろうか。東京法学院は玄耳の卒業直前に神田大火で焼失し、学籍簿などが全て失われているため、公式に卒業した記録は残されていない。しかし、玄耳自身が卒業したと書き残し、東京法学院が卒業直後に氏名広告を新聞「日本」に出していることでもあり、また、中央大学の卒業生名簿にも登載されているので、卒業したとしても問題はないであろう。ただ、東京法学院の授業時間が、出講する講師たちの都合や、職業を有する学生たちの都合を踏まえて、午後三時から八時までという遅い時間帯とされていたこともあり、場合によっては独逸学協会学校や国学院の正規の学生として同時に学ぶことは可能であったかも知れない。しかし、経済的な問題もあるしできるだけ早く高等文官など上級の官吏としての登用を願うのであれば、難関の試験の合格が必要でもある。受験対策としての面からも相当な疑問が残る。それとも、前にも述べたように、同時ではなくて、東京法学院を卒業し、受験の傍ら、関心の深い分野への情熱もだし難く、福島県平区の裁判所に勤務するまでの間聴講していたということであれば話は別となる。

玄耳は、東京法学院を卒業後、浪人生活を経て、国学院の受講中に知り合ったとされる松村イヨと結婚した。明治二七年に福島県平区裁判所に勤務し、その間明治三〇年に陸軍法官部理事試補の試験に合格した。そして、明治三一年二月九日、熊本の六師団法官部に着任する。明治三九年三月に東京第一師団法官部に転属するまでの間、途中、日露戦争で六師団の野戦法官部長として出征した期間を除いて熊本で過ごした。そして、野戦法官部長時代の文筆活動を通じて知合った、東京朝日の従軍記者弓削田秋江の勧めを受け、東京朝日にも寄稿するようになった。玄耳が熊本から東京へ転任になった時、予て玄耳が東京朝日に寄稿した文章に注目していた池辺三山の強い要請を受け、着任後一年足らずで、間もなく恩給が付くという東京第一師団法官部理事の職をなげうって、明治四〇年三月一日には東京朝日の社会部長に就任した。

玄耳は、上京した当初は現在の六本木近くの隼人町に居を定めたが、都心から離れ過ぎていて訪ねる人もなく、人恋しさから母校近くの駿河台西紅梅町に転居した。玄耳は、東京朝日の記者として一連のルポ記事等で急速に名声を高めることとなった。この頃から友人に誘われたのか、懐かしくなって自ら出るようになったのか分からないが、中央大学の卒業生の会である「学員会」にときどき出席するようになった。玄耳は大正元年に東京朝日を退社する直前まで結構顔を出していたようである。しかし、玄耳は母校を訪ねた折に、壁に貼られた時間割を見ながら、教育の内容が二〇有余年前と殆ど変っていないとして、

「是で法律の内容は知り得られうが、法律の輪廓、法律が社会に於て如何なる立場に在るかを教へる学科は全く無いと言って好い、法律の解釈をして、定価通りに品物を売る様な司法官を養成する学校としては、今のままでも済まぬことはない。併し法律學を本當に遣るのには、法律の解釋を爲し得る力丈けでは足りない。法律の解釋をするのは例えば、時計の取次き販賣を為し又は修繕をする様なものだ、現在流行の時計の組立を知ってさへ居ればそれで濟むことだ。時計の改良をし、新案を加へ新工夫を立て、更に進んで新奇な時計機械の組織を為さうと云ふことは、時計を修繕し得る丈けの頭脳では可けない。夫れ

には、機械學の十分なる知識を要する、物理學のあらゆる深い素養がなければならぬ、經濟上の知識も亦必要である。其外種々の補助学科を修めて置かなければならぬ、学識外に職工としての技倆も具へて居なければなるまい。

一個の法律家たるには、法律解釈の知識の外に、法律を批判するの知識も備へて居なければ一人前とは言はれない、法律の解釈は現行法を完全なりと前定し、絶体真理として掛かるので、即ち法律に対して、奴隷的態度である、法律の是非を批判するものではない、法律の是非得失を取捨し、之が改正変更を企図するには、更に一段の学識を要する。

法律は時代の反響である、時代の要求に従って変遷せねばならぬ。族長制度家長制度、個人主義など其国其時の社会の種々の制度が之に伴ふて変遷するのである、親族法の如きは此社会制度の如何に依って、立法者は其時時に於ける適宜の規定を作らねばならぬ。

某国の某時代に於て、如何なる親族法の規定を作るべきかは、法律成文の奴隷たる法律解釈家の為し得る仕事ではない、某国某時代に於ける社会の事情を第一に考へ、過去の歴史と将来の傾向を予想して、人生の向上的発展と現在の時宜とに戻らざる程よき条文を制定しなければならぬ。夫れには過去のことを知らねばならぬ、即ち歴史を研究してから ねばならぬ、政治的、宗教的、経済的の各方面の歴史に渉らなければならぬ、殊に人心の傾向所謂思潮の推移に通ずるのが尤も必要である。

立法的の知識を備へず、現行成文の奴隷的解釈を為すのは、今日の司法官としては当然のことと考へられてあるので、悪法も法なりなど云ふ格言まで生じて居るが、其がわるい、司法官が没常識と罵らるる所以もつまり此に存して居る、今日の世の中に大岡裁判をやることは出來ないと放言する者があるけれども、刑罰に長短期を定めてあるのは其間で宜しくやれと云ふ注文で、つまり大岡裁判をやる余地を与へたるものである。此種の大岡裁判は、何所の判事も実際にやって居るものの、立法的知識が欠けて居ては余りあてにならない、だから現在の司法官たるにも矢張立法的知識は必要になって來るのである、夫れには今の法律学校の科目の選定は、適当と言はれない。

然らば何が欠けて居るか、と考えて見るに、法律は人の行為についての規則である、さすれば法律家は基本的知識として、人間の意思に関する学問をして置かねばならぬ、即ち心理学から出発せねばならぬ、人間の行為であるから人間の物質的方面の智識も亦必要である、即ち医学のうち少なくとも生理学の素養がなければならぬ。

現在の人間の外、人間の過去に関する事蹟を知る必要がある。即ち歴史の研究が亦法律家の等閑視すべからざる所である、一個の人間としての外、衆合的状態に於ける人間も亦知らなければならぬ、其は社会学の範囲に属する、此学科も法律家の重要なる補助科目である、思想の変遷を知るには哲学史の綱領も学ばねばならぬ。

全きを求むればまだ以外に修めねばならぬ科目は数多あるけれども少なくとも以上の学科は欠くべからざるものである、今の三年の科程では無理の様だけれども、一週の一日を斯る学科に費したなら相応に効果があらうと思ふ、刑法などは二重に講義をする場合がある様だ、其んな無益なことをせずに今少し大所高所に著眼しなくては益々法律学者は窮屈なものとして世間に鼻摘みにされるばかりだ、況や法學を修める者が悉く司法官となり法律解釈家となる者のみでは無いから哲学的社会的の学識を授けておく必要はある。僕が此大学に学んでから既に二十年の星霜を経たに管らず、法律学科の時間割を見ると依然として法律一点張りであるのを物足らず思ふ。」

玄耳が陸軍の法官として生死を前にした軍人の行動を法の執行の対象とした経験や、ジャーナリストとして世間を見、客観的に法律が適用された実態を見た経験を踏まえて、法律学や法律家のあるべき姿について考察した珍しい文章である。玄耳の意見の内容は現代の法思想にも近い優れたものだと思うが、法律を相対化し、客観的にみるという玄耳のような法律学生を多く育てたとすれば、東京法学院は英吉利法律学校を創設した増島六一郎の教育の目標とした人間を確かに育てたといえるのではなかろうか。玄耳が東京法学院で勉学を開始してから、国学院が設置され、和漢学に深い関心を持つ玄耳が国学院で聴講もしくは東京法学院の講義時間から見て、ダブルスクールとして入学していても不思議はない。しかも、この在学中に妻となる松村イヨと同棲していたという説もある。玄耳自身が学生生活を書き残したものは少ない。しかし玄耳の学生時代は、官立学校が次第にエリート層として意識的に国家から特権的な扱いを受け、私立学校が反政府的な人材を養成しているとして、弾圧の対象となり始めた時代である。五大法律学校が共通の利害のため団結する一方、競い合った時代でもあった。神田大火によって、七月二〇日玄耳は校舎が丸焼けとなったこともあり、神田一ツ橋通町の東京帝国大学の講義室で第七期英語法学科八七名の中の一人として卒業した。ただ、玄耳の学籍簿も含めて、それ以前のすべての学籍関係の書類は先の大火で全て焼失したこともあり、次の記録は東京法学院の機関誌『法学新報』第一六号（明治二五年七月二五日発行）によっている。

「東京法学院にては本月二十日を以て帝国大学講義室に於て第七期卒業式を執行せられたり同日は炎暑赫々流汗背に透るか如き日なりしにも拘らす正午頃より講師院友の人々に

は陸続來集し午後三時の号鐘と共に一同式場に列し儀容粛然たり先つ講師法学博士土方寧氏学年の報告を告け院長法学博士菊池武夫氏卒業證書及褒状を授与し終わりて演説を為し卒業生総代答辞を述へ講師法学士三崎龜之助氏又一場の演説を為し午後四時三十分式全く畢り錦輝館に於て宴会を開き肴核香き處、酒味濃なる辺り、師友互いに膝を交へて快談幾番を試み一同帰途に上りしは午後七時正に是れ夕陽林に在るの頃にて在りし当日優等生として褒賞を得たる人々は卒業生にては貝塚徳之助、河濟良作、原田鑛、桑原忠次郎の四氏、二年生にては廣瀬璋八、伊藤徳次、森京藏、長谷川光彦、松村藤太郎、横田千之助、笠原文太郎の七氏、一年生にては新井要太郎、高橋敬、檜垣嘉市、高木繁藏、岩本麻次郎、内村邦藏、渡邊常太郎の七氏なり又今回の卒業生の姓名は左の如し」

として、邦語法学科卒一五二名、英語法学科卒八七名の姓名を掲記している。そして、英語法学科の卒業生として佐賀県平民澁川柳次郎であるべきところが、柳二郎と記されていたことは先に述べた。さらに、玄耳には他大学の講堂で卒業式をしたという記憶がないようである。玄耳はこの時代にあって、地方から出て来て無事法律学校を卒業したという卒業証書の授与式であり、学生生活の記念すべき行事である卒業式にも出る余裕のない生活だったのだろうか。

なお、この卒業式で二年生として優等生の褒章を受けた横田千之助は、後に立憲政友会の政治家として活躍した。明治三年生まれで、玄耳より二歳年上であるが、足利の織物商の実家が没落したため、丁稚奉公を経て、東京法学院に学んだ。内閣法制局長官や司法大臣を歴任したが、大正一四年に議会の会期中に病で倒れ五六歳で没した。自らの後継者として期待していた西園寺公望は大いに落胆したというが、政友会と対立した山県有朋も横田の人格、識見を高く評価していた。この横田は若い頃苦労したので弱い立場の者に対して心配りを忘れない心優しく几帳面な男であった。ところで、この横田は後に玄耳と深い関わりを持つことになる。玄耳は東京朝日を退社して、雑文を書いての生活を送った後、第一次世界大戦には国民新聞・博文館の通信記者として従軍し、そのまま中国に残った。そして、中国の青島での新聞発行の企てに失敗した玄耳の下に舞い込んだ大阪新報の主幹兼編集局長という、玄耳にとっては事実上最後のチャンスを結果的に潰した形としたのは、「都新聞」への経営権の譲渡を仲介したこの横田千之助であった。何故なら、経営権を譲受けた都新聞の社長福田英助は、都新聞から人を送込み紀志嘉美から委ねられた主幹兼編集長としての玄耳を認めなかったからである。以下森田一雄前掲書によるが、玄耳は東京朝日退社後何度か新聞創刊を試みたものの、結局その都度事情が生じて失敗に終わっていた。しかし、大阪新報の件は、既存の新聞の主幹と編集局長を委ねられ、経営以外はすべて玄耳に任されたのである。大阪新報は、毎日新聞のルーツとされる大阪日報から枝分かれした新聞である。大阪日報の創刊に携わった人たちの仲間割れによって生まれた新聞であったが、創刊後も多難であった。大阪日報は元々大阪の判検事の勉強会「猶興会」の意見発表のために発刊された。自由民権派の立場から政府批判を行い、筆禍にもめげずに読者の支持を得て、一日の発行部数は七千六百部前後と順調で利益もそこそこに上がった。しかし、堂島の米商人であった社主西川甫と、判事上がりの社長平野万里の意見の衝突により、平野が記者の大半を連れて離脱し、鴻池の資金援助を得て浪速実生新聞を買取り、大阪新報として出発した。しかし、平野は親元の大阪日報との訴訟に敗れ、持病の肺疾も悪化、大正二年に所有権を五代友厚に譲渡して、郷里の肥前諫早に帰郷した。五代は前島密の創刊した郵便報知から加藤政之助（後の貴族院議員）を主筆に迎え改進党の系列に入った。しかし、部数が伸びず大正六年一月に一旦廃刊した。その後政友会機関誌大阪商業新報として復刊した。これを大阪毎日の社長を辞任して政界入りした原敬が買取り、名称を大阪新報に戻した。そして、腹心の山田敬太郎を社長兼編集長とした。その後、原が社長となったが、直ぐに原の司法省法学校の頃の友人で、北浜銀行取締役の加藤恒忠（拓川）に委ねた。この加藤は、子規の叔父にあたり新聞「日本」の陸羯南と親しかった。子規が羯南の家の離れに転げ込んだのもこの縁によったものであろう。原は加藤の経営の能力を危ぶみ阪神電鉄の前身箕面有馬電気鉄道の小林一三支配人を経理担当とした。加藤の後村野という人物が社長となり、政友会の代議士米田穣が専務理事兼編集局長となった。また、同じ政友会の代議士であった横田千之助もこの新聞の理事として加わった。一時朝日、毎日に次ぐほどの勢いとなった。しかし、大正七年に横田が原敬内閣の法制局長官となって去り、大正一〇年一二月専務の米田が病没した頃から勢いが衰えた。その建直しのため、大正一一年の三月に政友会の代議士で実業家の傍士定治が専務となり、南大阪電気鉄道専務紀志嘉美が社長となった。だが、既に主力銀行の北浜銀行にも見捨てられていた。紀志の後は、大阪電灯会社社長などをした宮崎敬介が引継いだが早々と見切りをつけていた。玄耳が招かれたのはこの頃である。森田一雄前掲書では、玄耳が何故この新聞の主幹兼編集局長として呼ばれたかについてははっきりとは書いていない。しかし、玄耳を呼んだのは横田千之助ではないかという気がする。同じ年代で、二人は同じ頃に東京法学院で学んでおり、しかも政治家とジャーナリストの関係にあった。政治部の記者ではなかったが、玄耳はかって、東京朝日の社会部長という要職にあった。横田千之助は既に大阪新報を離れてはいたが、その動向には関心があった。結局、横田の仲介で東京の夕刊紙都新聞に経営権が譲渡され、前述したように玄耳の紀志との約束が反故にされ、玄耳が身をひく結果となったのである。しかし、横田千之助は必ずしもこのような結果は予測していなかったのかも知れない。大正一一年八月に、玄耳は熊本時代の俳句仲間である井上微笑に対して大阪新報退職の挨拶をしている。玄耳が青島から中国人の書生二人を連れて大阪に帰って来たのはこの年の一月であるから玄耳にとっては束の間の夢であった。森田一雄は、その後玄耳が新聞評価の業界紙発行を試みた時にはこの横田が玄耳を支援したと述べている。

さて、寄り道したが、玄耳の卒業した時点に戻ろう。突然実施途中の代言試験が中止されるという事態が発生した。明治二五年一〇月二一日の新聞「日本」は、一〇月一九日から始まった代言試験に纏わる試験問題の漏洩の風説について書いている。一、二〇〇名も受験したこの試験では、会場で隣席の受験生が不正受験を発見したことから公となった。この事は試験会場の内外で大騒ぎとなり、司法当局も調査に乗り出した。類似事件は横浜でも発生した。横浜での漏洩者は横浜地方裁判所の雇の男であったという。同紙の記事によれば、今回の事件は二つあって、一つは明治法律学校の生徒が外一名と共謀して試験問題を金一〇円で売り渡すといって金員を詐取した事件と、同じく明治法律学校の塾幹某、同校卒業生二名、司法属某が問題漏洩容疑で逮捕され、東京地方裁判所で予審に附された。代言試験は全国で中止された。この間、府下六大法律学校の生徒及び受験生は委員を選び、後日問題が生じないようにするための要望を携え、大審院の名村試験委員長を訪れた。要望に関連して、試験委員は徳義上全員辞任すべきではないかという主張と、問題漏洩に関係がある可能性のある古賀検事が起訴を担当することについて、問題点として指摘した。徳義上の問題に関しては、名村委員長は、試験委員が問題の漏洩に少しでも関与しているようなことがあれば全員解任もありうるが、その疑いがない場合には解任はあり得ないと強く言い切った。なお、古賀検事の問題に関しては「承り置く」と回答したため代表らは引上げたという。新聞「日本」で「府下六大法律学校」とされているのは、五大法律学校の東京法学院、専修学校、明治法律学校、和仏法律学校、東京専門学校に日本法律学校を加えたものである。その後、明治二五年一一月一三日の新聞「日本」の紙上で代言試験漏洩事件の予審結果が伝えられているが、詐欺の件は軽罪公判に附され、問題漏洩の件は免訴となった。理由は司法属の問題漏洩は職務上の守秘義務違反であり、刑法上の罪は問えないとし、従って、問題を買った者も盗んだものを斡旋することにはならないので放免とするとの結論であった。新聞「日本」はこの結論を激しく非難し、法律の不備を糾弾して、実行者を恥知らずと罵倒している。新聞「日本」の一一月五日の紙面によれば、代言試験は再執行され、東京は一一月二四日から四日間、地方はこれに先んじて一一月一二日から四日間行うとの告示が出され、代言試験場では厳重な取締りが行われた。これらの事件は、この時期私立法律学校学生の置かれた厳しい側面を窺わせるものともいえよう。この試験結果は明治二六年一月二八日の官報で、合格者一〇八名が発表された。新聞「日本」の明治二六年一月二九日号に掲載されている合格者の氏名の中には玄耳の名はない。この頃新聞「日本」の紙面には、子規の入社した翌年の明治二六年の一月から、獺祭書屋主人等の筆名による子規の俳句に関する連載記事が始まる。玄耳は明治二七年から福島県平区の裁判所に勤務していたとされているが、その著書『鈍語』の中では、俳句に夢中になり、子規に郵便で俳句の添削を受けていたのは、登用試験の準備中だったと述べている。『玄耳小品』の中の「短冊の世界巡り」の記述を見ると、それは明治二九年から二年間のことと書いているが、玄耳の当時の状況を暗示する部分でもある。子規の歌論「歌よみに与ふる書」は、玄耳が受験の合間に子規に俳句の添削を受けながら、法官部理事試補の試験に合格して赴任した年、明治三一年二月一二日から三月四日の間に前後一〇回にわたって連載された。また同じ頃、既刊の評伝類では玄耳は松村イヨと結婚し、福島県平区裁判所の判事として勤務していたという。イヨの入籍は明治二七年一〇月二二日で、明治六年七月一日生まれのイヨは二一歳、玄耳はその前年明治五年六月三〇日生まれであるから二二歳であった。そして、玄耳が熊本の六師団の法官部理事試補として着任する明治三一年二月までの四年間をここで過ごした。判事就任の翌明治二八年一月に長男直樹が、三〇年一月に次男正樹が誕生したとされている。

4 玄耳の合格の記録

玄耳の高等文官試験受験に必要な明治二五年の東京法学院の卒業資格と、既存の評伝類に書かれている、明治二七年の福島県平区裁判所判事就任という記載から、この間の国の高等文官や、法曹資格試験の合格の記録を中心に調べてみた。これらの試験の合格の記録については官報を中心に調べてみたが発見できなかった。そこで、時々利用していた区移管前の日比谷図書館で、都立図書館のレファランスサービスを利用して調べてもらったが、それでも発見することが出来なかった。専門家が調べても探し出すのはなかなか容易ではないという事が分かった。新聞「日本」で報道された明治二五年の代言試験については、前述のごとく玄耳の名前は無かった。明治二六年に実施された第一回判検事登用試験について、六月二九日の紙面に掲載された合格者三六名の中にも玄耳の名を発見できなかった。この三六名は七月一三日に司法省で司法官試補の辞令を受けたと翌日の新聞「日本」は報じている。この年の第二回判検事試験と第一回弁護士試験は期日が重複した。ところが私立法律学校出身者は、一〇日前に発表された弁護士試験の受験のために一〇円の受験料を納めた者が多かった。新聞「日本」は、八月一九日の紙面で判検事試験を受けようとすれば、この一〇円を諦めざるを得ない受験者が、試験日程の変更を求める運動を起こしたと報じている。判検事試験の受験者は私立法律学校卒業生、裁判所書記及び地方の警部等が多かったが、予定より一日遅れはしたものの、二つの試験は九月一二日同日に実施された。判検事登用試験は志願者三七〇名の中三〇名が欠席し、弁護士試験は出願者五四三名であったが、実際に受験したのは五三七名であった。明治二六年一〇月二三日付新聞「日本」に掲載された東京法学院の判検事登用試験合格者の広告によれば、全体で三一名の合格者のうち、一五名が東京法学院出身者であるとしてその氏名を掲げているが、玄耳の名前は見当たらなかった。同様に、帝国大学出身者が受験をボイコットした明治二七年の文官高等試験では、新聞「日本」紙上の東京法学院の合格者広告によると、全体で六名の合格者のうち東京法学院関係者は四名としているが、その中にも玄耳の名はない。ただ偶然に新聞「日本」に出された「内閣官報局御編纂」の「職員録」発刊の広告から、判任官以上の官吏の名簿である「職員録」が明治一九年から発行されていることが分かった。本来官吏は天皇から任命されるのが建前であった。天皇の任命による高等官は、その任命方法によって奏任官、勅任官、親任官に分かれていたが、判任官というのは、当時の文官のうちでは下級官吏であり、天皇の委任を受けて諸官庁が任命する形となっていた。「職員録」は全官公庁の判任官以上の職員名を網羅した名簿である。これもまた図書館で偶然見つけたものではあるが、昭和五八年七月大蔵省印刷局発行『官報百年のあゆみ』によると、山県有朋の建議により創刊された官報は、明治一六年七月一日に創刊されることとなったが、七月一日が偶々日曜日であったため実質的には七月二日が創刊日となった。「職員録」は最初その官報の付録として発刊された。そして、「職員録」が初めて官報付録として発行されたのは、明治一九年一二月二七日であったとしている。当初は年一回の刊行で、中央官庁の部を「甲」、地方庁の部を「乙」として二部に分け、それぞれ発行の時期は別であったが、その後何度か改変されて一冊となり、更に定価を付して発売されることとなった。新聞「日本」の広告はその販売のための広告であった。当初職員録の内容は判任官以上の官吏を登載することになっていたが、後に関東大震災を契機として奏任官以上の官吏の名簿も時期を異にして発行されるようになった。そこで、この「職員録」について、玄耳が裁判官として勤務していたとされている明治二七年から、熊本の六師団法官部理事試補となったとされる明治三一年の間の各年について国立国会図書館の電子図書館・近代デジタルライブラリーで閲覧してみた。ところが、玄耳が在籍していた筈の福島県平区の裁判所の判事、検事、書記、執達吏としては、それらの何れの年にも玄耳の名が無いことが分かった。明治三一年の「職員録」は何故だかこのデジタルライブラリーに収蔵されておらず閲覧できなかったが、明治三二年の「職員録」では六師団の法官部の理事試補・部員心得としての澁川柳次郎の名前を見出すことができた。さらに、翌明治三三年の同じ欄で玄耳が理事・部員高等官八等一二級に任じられていることも確認した。この理事昇格の件は、明治三三年一月三一日発行の『法学新報』で、発令が明治三二年一二月二六日であるとの記事を発見した。さらに、明治三九年には玄耳が東京第一師団の法官部理事・部員として高等官七等九級に任じられていることも「職員録」で確認できた。この明治二七年から熊本に着任したとされる明治三一年の期間については、デジタルライブラリーに登載されていない明治三一年を除いて、「職員録乙」で念のため福島県庁の各部・署・郡役所、尋常師範学校、尋常中学校等で玄耳か夫人の名が出ていないか調べてみたが発見できなかった。玄耳は特別認可学校卒業生であり、文官任用令の施行以前の卒業生であるので、判任官であれば普通試験を受けなくても文官に任官することができた。従って、裁判所では書記及び執達吏であれば、受験していなくても任官できたのである。玄耳達家族が平にいたとして、玄耳が判事としてではなくても、それらの官職にすら名前がないというのはどういう理由からであろうか。当時裁判所だけということではなく、官庁全体が、国の財政が厳しいこともあり、厳重な定員管理を行っていた。裁判所も例外ではなく、裁判所構成法と俸給令によって、裁判官に対しては結果的に厳しい処遇となっていた。特に、裁判官については、俸給の等級ごとの定員が定められていたため、年功序列での昇進でもあり、先任が退任しない限り昇進の機会も昇給の機会もなかった。従って、結果的に大学同期の一般の行政官に比して処遇が相当低い水準となっていた。そのため、帝国大学卒業生達は司法省への入省を避ける傾向があったのである。新聞「日本」の記事によれば、優秀な帝国大学出身者で司法省の奨学金を得ていた者が司法官試補となる事を喜ばず、任官の辞退や、奨学金の返済・支払の猶予を求める者が多かったという。その間の事情を、新聞「日本」では、雑報として、明治二三年八月七日から一一日まで「司法部内の不平」というタイトルで五日間も連載している。その最終回のサブタイトル「学者の不平」の内容からみると、どうやら帝国大学の先生による司法省への婉曲的な批判のようである。同じ年に卒業した先生の教え子達の中で、他省庁へ行った者より優秀な者が司法省に行ったばっかりに奏任五等であり、他省庁に行った者達は既に奏任三等となっている。また司法省の「官員録」をみると、他省庁へ行った者は局長や枢要の地位にあるものが殆どであるが、大学出身者で（裁判）所長となった者は三人しかいないと嘆いている。近来帝国大学卒業生が就職を競っている中で、司法省では司法省の貸費生でなければこの競争に敗れることになる。そこで、貸費生でない者は司法省で任官するよりむしろ代言人となることを望み、貸費生の方は、この奨学金を返しても司法省へ入省する義務を免れたいと希望している。司法権は国の大権であるのに、帝国大学卒業生がどうして司法省をこのように見るようになったのか、これは運用者如何によるのである。司法部内の不満を書き並べているのは他意があるわけではない。その気持ちを察せよと結んでいる。裁判所では定員管理の面から、人員に余裕がなく、突然の欠員の場合等の人員を置くことが難しかった。その間の事情を伺わせるのが、明治二五年六月三日の新聞「日本」の付録に掲載されている、「区裁判所検事局検事補設置に関する法律案」が帝国議会に提出された記事である。明治二五年六月二日に、総理大臣と司法大臣の連名で帝国議会へ提出されたこの法案の提案理由を見ると、裁判所構成法の実施以来一年間に七〇余名の判検事の退任や死亡があり、今後毎年同じ位の欠員が出るとすると、司法官試補は三年間判検事の事務の修習をする他、二回の競争試験に及第した者しか判検事に就任できないので、常時二〇〇名以上の司法官試補を確保しなければならない。しかし、現状ではそのような経費の余裕はない。区裁判所には検事の仕事は極めて少ない上、軽易な事件しかないので、前述のような高い学識・経験を必要としない。裁判所構成法上警察官や、憲兵将校下士、林務官が臨時に検察官を務めることを認める便利な規定もあるが、常時勤務することはできないので、区裁判所に検事の仕事を補う検事補を置くというものである。検事補は検事と資格及び俸給は別建てとするので、検事の欠員が生じたらこれを検事補で補充していけば経費の増加が抑えられるというのがその提案理由である。この法案は結局議会を通過しなかった。この時代は、この法案に象徴されるように、司法界、殊に裁判所では多くの問題を抱えていたようである。ここからは筆者の推測だが、当時、玄耳は特別認可学校生として卒業しており、一定のレベルが保証されていた。裁判所の苦しい財政事情の下で、法律学校出身者で、法律家を目指す優秀なものを「雇」という形で囲い込むことによって、判任官などの不意の欠員に備える等の事情もありえたのではないだろうか。先にも述べたように、区裁判所は定員管理の面から、司法官試補も必要なだけ置けず、勿論書記や執達吏の欠員に備えることもできなかったようだ。そこで、玄耳が判任官の書記や、執達吏の予備要員として採用されていた可能性もありえないことではない。玄耳が正式の「雇」であったかどうかも定かではない。しかし、玄耳が余り縁のない福島県平に行ったのであり、それなりの誘因があったと考えられる。玄耳の方も、結婚して経済的な問題もあり、生活のため、また、文官高等試験や判検事登用試験等の受験のため、これを積極的に利用したと考えられないこともない。もし玄耳が違うかたちで福島県平にいたとしたら、縁もゆかりも明らかでないこの土地に何故いたのか新たな疑問がわくことになる。玄耳の名前が職員録にないことから、そのような形で平区裁判所にいたとも考えられる。ところで、この「雇」は官公庁の長に任免権があるが、法令上官吏としては扱われない。しかし、法令上その扱いを定めているものもある。例えば明治二三年一一月一日施行の裁判所構成法（法律第六号）第二編第六章廷丁《ていてい》である。大審院、控訴院、地方裁判所では裁判所長が任免し、区裁判所では地方裁判所長がこれを雇い、また雇を解くとしている。開廷日に出頭させ「司法大臣ノ発シタル一般ノ規則中ニ定メタル事務ヲ取扱ハシム」となっている。その他、執達吏が使用できないときには、裁判所所在地において書類を送達する為に使用することもできるとしている。後に廷吏とされ、現在の裁判所事務官の業務の一部を担当していた。他に「属」という制度もあったが、これは明治二六年一一月一〇日施行の新官制「各省官制通則」第二五条で、「属」は判任官として、上官の指揮を受け庶務に従事することになっている。玄耳が高等官の試験に失敗し、生活のために特別認可学校卒業生は判任官であれば、無試験で任官できるという特権を利用して「属」に応募したものの、司法省通則と同時に定められた「司法省官制」（勅令第一四三号）では司法省全体の「属」の定員が八〇名とされているため、司法省としては「属」を本省内に配属するのが精一杯であり、地方には「雇」として配属する他はなかったのかも知れない。そういう事情で福島県平区の裁判所に回されたということであれば、玄耳が福島県平区の裁判所に行ったことが頷けるような気がする。また、「雇」の取扱いに係る新官制と同日施行された「文官任用令」（勅令第一八三号）第五条で、満五年以上雇員として同一官庁に勤務した者は、文官試験委員の選考を経た上で判任文官に任用することができるとしていることも補完的に推測を裏付けているような気がする。玄耳は生活のために保険をかけていたのではなかろうか。なお、明治二六年の新官制への移行時の暫定的な措置として、「雇員を判任文官に任用するの件」（勅令第一八五号）でも、「本年勅令第百八十三号文官任用令施行五箇月前より各官庁に於て雇員として引続き事務を執りたる者は文官任用令施行の後三箇月間に限り文官普通試験委員の銓衡を経て直ちに其の官庁の判任文官に任用することを得但其の任用の際支給すへき俸給額は文官任用令施行の際に受けたる俸給現額を超ゆることを得す」としているが、雇員と判任文官の関係を見る上で興味深い。

5　残された法服姿の玄耳の写真

法官の「服制」が勅令で定められたのは、明治二三年一〇月二三日で、玄耳がまだ東京法学院に在学中の時期であった。服に付けられた唐草模様が、判事は深紫、検事は深緋、書記は深緑である。谷口雄市の前掲『渋川玄耳略伝』に掲げられた「福島県、平区裁判所判事就任の玄耳」の写真は、在職の記録がない以上、例えば六師団法官部理事の時代の写真ではないだろうか。残された玄耳の判事時代とする写真の法服には唐草模様がない。任官したのが明治二七年以降だとすれば、法服には当然唐草模様が付いている筈である。

（1）『明治百話（下）』篠田鉱造著　岩波書店　一九九六年七月一六日発行。
（2）『英訳帝国憲法義解（Commentaries on the Constitution Of The Empire of Japan）』伯爵伊藤枢密院議長著　伊東枢密院書記官長訳　英吉利法律学校藏版　丸善商社書店・敬業社　明治二二年六月二八日発行。
（3）『中央大学百年史　通史編　上巻』中央大学百年史編集会専門委員会　二〇〇一年三月三一日発行。
（4）『文豪・夏目漱石―そのこころとまなざし』編者　江戸東京博物館・東北大学　二〇〇七年九月三〇日発行。
（5）『明治大正昭和世相史』加藤秀俊・加太こうじ・岩崎爾郎・後藤総一郎著　社会思想社　一九六七年六月一五日発行。
（6）『日本鉄道物語』橋本克彦著　講談社　二〇一〇年八月一〇日発行。
（7）『法学入門』ラードブルッフ著　尾高朝雄・碧海純一共訳　東京創元社　一九五七年。
（8）『中央大学百年史　通史編　上巻』中央大学百年史編集会専門委員会　二〇〇一年三月三一日発行。

(9)「朝野新聞広告」明治一九年六月一七日。

(10)『中央大学百年史　通史編　上巻』中央大学百年史編集会専門委員会　二〇〇一年三月三一日発行。

(11)『中央大学百年史　通史編　上巻』中央大学百年史編集会専門委員会　二〇〇一年三月三一日発行。

(12)『中央大学百年史　通史編　上巻』中央大学百年史編集会専門委員会　二〇〇一年三月三一日発行。

(13)『ある心の自叙伝』長谷川如是閑著　日本図書センター　一九九七年一二月二五日　発行。

第四章　熊本の時代

1　六師団法官部理事試補任官

玄耳が陸軍法官部理事試補の試験に合格し、熊本六師団の法官部理事試補部員心得として任官し、着任したのは明治三一年二月九日、満二五歳のときであった。漱石は既に明治二九年に伊予松山から第五高等学校の教授として着任していた。熊本の時代は玄耳の後半生に大きな影響を及ぼした。漱石との出会い、俳句や和歌を通じての多くの友との交流。日露戦争従軍によ る東京朝日の従軍記者弓削田秋江との出会い、長年玄耳のために尽くした夫人を裏切ることになる平山訓との出会いと多くの出会いがあった。玄耳が結婚したのは二二歳の時である。谷口雄市によれば、妻となった松村イヨは、山口県立高女出身で、検定で旧制高女教諭の資格を得て、図画と習字を教えていたという(1)。また、森田一雄によれば、絵画・書道・華道・茶道・歌道と当時の女性として十分な教養を身につけており、号は青畝と称した。英仏和女学校の教頭も長期に務め、良家の家庭教師も請われれば引受けていたという。[2] 英仏和女学校というのはネットで検索してみたが発見できなかった。ただ、現在の白百合学園中学校・高等学校が明治の一時期仏英和女学校と称したことがあるようだ。この学校は神田猿楽町に設立された。二人は国学院で受講中に知合ったというが、妻のイヨは、玄耳とは八人の子を為し、そのうち二人が早世したものの、六人を立派に育て上げた。しかし、玄耳にとっては、少し窮屈なくらいの賢夫人であったようだ。長い歳月にわたって築き上げた家庭を崩壊させ、玄耳の知的に奔放な生活を黙々として支えてきた妻を捨てさせた相手とはどんな女性だったのだろうか。平山訓は未亡人であった。熊本の名家の出で、同族からは著名な文芸評論家、詩人、代議士などを出している蔵原一族の一員である。豊かな家庭に育ち、札幌農学校の一期生であった夫はハーバード大学留学中に客死した。訓は生活に困っていたわけではないが、長男で一人っ子を実家に預け、九州日日の女性記者第一号となった。森田一雄は多分九州でも女性記者としては第一号であろうと記している。

平山訓の死後編まれた歌集『有明』に対して坂元雪鳥の寄せた追悼文では、訓を「察しが良くて気が置けないながら、どこかに厳格さを持った女性だった。人を懐かせても狎れさせない端正さがあった。」とその人柄を評している。

この坂元雪鳥は、熊本五高での漱石の教え子であり、熊本時代に玄耳とは俳句の結社である紫溟吟社の仲間であった。玄耳の推薦で漱石の東京朝日入社の際に交渉役を引受けその役割を立派に果たしたが、これについては後述する。森田前掲書に紹介されている訓の九州日日新聞への「入社の辞」を見ても、社会に対する問題意識の高い女性であることがわかる。[3] 玄耳が東京朝日の女性記者第一号として採用した竹中繁も、玄耳から記者としての指導を受け、次第に在京の女性記者の中で重きをなすようになった。そして、女性問題の扱いについては神近市子や、市川房枝らから高い評価を受けていたという。竹中は玄耳に対して深い敬意を抱いており、森田一雄は、特に中国に対する関心は玄耳の影響によるものではないかと指摘している。竹中繁は中国研究のため二度にわたり中国を訪れている。生涯独身であったが自宅に中国人の留学生を寄宿させ、九二歳の生涯を終えるまで日中友好に尽くした。イヨ夫人を含め玄耳を取り巻く女性達は、時代の息吹を代表する女性達であり、それぞれが経済的にも自立できる能力を持ち、社会的にも意識が高い人達であった。玄耳には彼女達が共通に魅力を感じる何かを持っていたようだ。与謝野鉄幹・晶子夫妻との交際の中でも、晶子が単独で玄耳の事務所を訪ねたこともあると森田一雄は書いている。前に紹介した谷口雄市や、特に森田一雄の著作は、関係者及び地元、そして新聞社内部や業界の資料も駆使した詳細なものである。また、高田素次は熊本の郷土史の専門家で町村史の著作も多い。

高田素次の『渋川玄耳句集』の「あとがき」によると、高田は玄耳の長年の友であり、句友でもある井上微笑や長野蘇南と面識があった。その二人から玄耳の話を聞き、四〇年にもわたって玄耳に関する資料の収集をしてきたという。そして、微笑と蘇南が企画し、蘇南の急逝で挫折した玄耳の句集発行の企てを、自ら引き継がねばならないとの責任感から発行したのだという。この「あとがき」のなかで、玄耳の熊本での文芸活動、特に俳句を中心とした交友関係が詳しく述べられている。高田素次の伝える蘇南の玄耳評を見ると、玄耳は和漢の古典に親しむ中に、いわゆる「文人」としての教養を好むようになったのかもしれない。しかし、英国法の勉学を通じて、併せて近代西欧文明の精神を学び、多角的な視野を身に付けたのである。玄耳は子規の俳句の革新の動きに共鳴し、与謝野夫妻の和歌の近代化に心を寄せている。そして、後に玄耳の東京朝日社会部長時代には、与謝野鉄幹のパリ留学への支援を契機として、与謝野夫妻とは夫妻が長女雪子の結婚の媒酌人となるほど親しい間柄となる。また、鉄幹も玄耳の『従軍三年』が、明治四〇年の一〇月に春陽堂から出版された後、当時の九州日日の紙上で、徳富蘇峰同様、玄耳の『従軍三年』を読んだ感想を、「玄耳の文章の筆は平凡の事実を美化し詩化するにおいて非凡の技能を備えている。さすがは俳人である。これまで現れた戦争文学の中では予は白眉だというに躊躇しない。」と書いている。玄耳は熊本で積極的に俳句や和歌の革新の流れに同調し、漱石門下の五高生の運座である「紫溟吟社」に同僚や地域の人々とともに参加し、自らも白繍《しらぬひ》会という短歌の会を組織した。また、後に東京朝日の社会部長の時代には短歌の世界で、与謝野の系譜とされた無名の啄木の作品を見て、当時廃されていた東京朝日の歌壇を復活し、その選者として世に出るきっかけを与えたのも玄耳の非凡な目を示している。玄耳は藪野椋十の名で、啄木の処女詩集『一握の砂』の序文をおどけた調子で書いているが、啄木が玄耳に対して深い感謝の気持ちを持っていたとしても不思議ではない。そして、これらの活動を共にした人達が、良きにつけ悪しきにつけ玄耳の生涯に大きな影響を与え続けたのである。玄耳が軍の法官からジャーナリストに転じるきっかけとなったのは、結局は九州日日への寄稿であった。それを見た東京朝日の従軍記者弓削田秋江に東京朝日への寄稿を勧められ、勧めに応じた玄耳の寄稿を通じて、熊本出身の主筆池辺三山や大阪朝日の鳥居素川が玄耳を知ることとなった。そして、玄耳が日露戦争従軍を経て東京第一師団に転任した後東京朝日に入社するきっかけとなった。その意味で、直接的に玄耳の運命を変えたのは、熊本時代の野戦法官部長としての日露戦争従軍であったのかも知れない。さらに、多くの新聞が獲得を目指した漱石の東京朝日入社に、玄耳の熊本人脈が大きな力となった。加えて、玄耳を「火宅の人」に追い込み、玄耳の人生を大きく狂わせた平山訓との出会いもこの時代であった。結局、玄耳の東京朝日退社の原因も熊本時代にあったのかも知れなかった。余談ではあるが、玄耳が東京朝日に入社した頃、樋口一葉の師とされる半井桃水が先輩記者として在籍していた。桃水が東京朝日を退社したのは大正八年とされているから、玄耳が退社する大正元年一一月二〇日まで同僚であったことになる。桃水は日露戦争にも従軍しており、面識があったかどうか不明であるが、六師団の野戦法官部長として従軍した玄耳とは戦場を共にしたことになる。桃水は水師営の会見を特報した。

2 漱石訪問

玄耳は、自著で、六師団法官部理事試補に任官し、熊本に着任したのは、明治三一年二月九日であるとしている。そして、漱石邸を訪ねたのは、漱石が留守で会えなかったときと、実際に句を見てもらったときの二回だけだったと書いている。また、玄耳は『鈍語』の中で、熊本での五高生や地元の池松迂巷等の句友達との交友に触れているが、その中で漱石を訪ね、句を見てもらった時のことも書いている。玄耳が持参した燕の句三、四〇句を見て、いかにも漱石らしく、友人の正岡がやるので少し真似をしてみたが、俳句のことは余り知らないといいつつ赤丸を付け、見直して更に赤丸を加えて殆どの句を選んでくれた。喜んで清書して子規に送ったところ、受取ったという印程度に、一句だけ新聞「日本」に載せてくれただけだったのでがっかりしたと書いている。しかし、それは照れ隠しで、相当嬉しかったのではないかと思われる。その一句を新聞「日本」の俳句欄で探して見たが、燕の句は発見できなかった。それでも、時期的には同じ頃と見られる明治三一年一一月一七日付の新聞「日本」の一面に玄耳の句が一句だけ掲載されているのが見つかった。次の句がそれである。

白雲にまぎれてうせぬ朝の月

その他、明治三二年二月二二日の紙面にも玄耳の句が二句掲載されているがこれも燕の句ではないし、前の玄耳の記述にも一致しない。

叱られて黙って居れば炭はねる

埋火をかき起こしけり筆の尻

ただ、森田一雄によると、玄耳が漱石と会ったのは明治三二年の五月頃とみられるとしているので、他に掲載された句があるのだろうか。この時期としたのは「燕の句」を踏まえての推測ではないかとも考えられるが、他にそのように考える何かがあったのかも知れない。高田素次は、漱石が内坪井町に住んでいた明治三一年七月から三三年四月までの間と、少し幅広くみている。筆者が調べた「ゆまに書房」の新聞「日本」の縮刷版の、明治三一年の七月から三三年四月までの紙面では発見できなかった。もちろん片手間の調査であるから見落としは避けられない。

熊本時代に玄耳が漱石夫人と面談した記録はなく、漱石夫人の思い出を綴った『漱石の思い出』(4)の中では、漱石は、玄耳と熊本時代から知り合いだったようだと書かれているので、漱石が鏡子夫人にそれらしきことを洩らしたのか、或いは鏡子夫人が東京朝日の同僚の時代の付き合いの中で察知したのかははっきりしない。しかし、玄耳はその著書の中で、漱石と同僚となった後、熊本時代に見た赤ちゃんを抱いた痩せた漱石夫人が、東京で会った時は意外と太って見え、別人かと怪しんだと書いている。漱石の指導下で、第五高等学校の蒲生原栄と厨川肇の二人の寮生が作った俳句が、漱石を通じて子規の許に送られるようになり、新聞「日本」の子規の俳壇に採録されるようなって、漱石の門下生である坂元雪鳥（白仁白楊）、寅日子（寺田寅彦）、千江（厨川肇）、紫川（蒲生原栄）ら五高生一一名が集まり、熊本市内坪井町七八番地の漱石邸で、初めて運座を開き「紫溟吟社」と名付けたのは明治三一年一〇月二日だったという。この「紫溟」というのは有明海の美称である。玄耳はこの「紫溟吟社」に地元の池松迂巻や、軍医長野蘇南、法官部の同僚川瀬六走ら六師団の朋友たちと参加する。ここでの多彩な交友が、玄耳の人生に光と影を生んだともいえる。ところで、この六走、川瀬鍛策は日清戦争の開戦の時に、東京地方裁判所検事局の司法官試補から陸軍の法官として出征し、凱旋後六師団に配属されたのだという。玄耳の畏友である。森田一雄前掲書では、明治三五年の六月に鍛策が東京の高裁に戻ったとしている。ただ、その年の職員録甲は五月一日現在で作成されているので、明治三五年の六師団法官部には鍛策の名が残っている。翌明治三六年の職員録甲の六師団法官部の欄には確かにその名はない。しかし、明治三六年当時高等裁判所というのはないので、それに代わる東京控訴院、ついでに東京地方裁判所、東京区裁判所の判事、検事についても調べてみたが、何れの中にもその名はなかった。ところが、念のためにと調べた陸軍省法務局の理事・部員の中に川瀬鍛策の名があった。川瀬鍛策（六走）は、明治三三年の七月、漱石がロンドンへの留学をきめ、プロイセン号で横浜港を出発するため熊本を去った後に、玄耳や池松迂江らとともに、「紫溟吟社」の世話役となり、地元に定着させていくことに献身するのである。六走の転出の時にはその熊本時代の功績に対し、九州日日も賛辞を惜しまなかったという。また、漱石が「漱石」の号を使い始めたのは熊本の時代であったというが、漱石が俳句に熱中したのも熊本時代が最高であったようだ。ただ、江藤淳の『漱石とその時代　第一部』によれば漱石の号を初めて使ったのは明治二二年に、子規の和漢詩文集『七艸集《しちそうしゅう》』の評の末尾が最初であるとしている。漱石の俳句は生涯で二千四百句程度といわれるがその半分は熊本の時代だという(5)。親友の子規が、漱石の英国滞在中の明治三五年九月一九日に逝ったことで兄事する相手を失ったことによるのであろうか。なお、玄耳が「玄耳」の号を使い始めたのも熊本だという。生涯の友に巡り合い、句作に熱中した時代だったからなのかも知れない。漱石は、病と苦闘した子規を、

卯の花の散るまで鳴くか子規

と詠んだ句を残している。子規の発病は、玄耳が東京法学院に入学した明治二二年頃だとさ

れている。それを見舞い、卯年生まれの子規を思いやる漱石の句ではあるが、なかなか技巧的に見える。漱石が松山中学校を離れ、熊本の第五高等学校に赴任したのは、明治二九年の四月であった。英国留学のため漱石が熊本を離れたのは明治三三年七月であるから、四年余りを熊本で過ごしたことになる。その間、明治三二年に長女筆子が熊本で生まれている。玄耳の研究を最初に手掛け、「渋川玄耳伝」を昭和四〇年代の初めに地元の民間放送局で一年以上に亘り放送した、当時熊本商科大学（現熊本学園大学）教授の蒲池正紀は、漱石を評して、熊本に近代文学の種を蒔いた人とし、森田一雄は玄耳や迂巷はそれに水をやって育てた人達だと評している。玄耳はまた短歌にも優れ、熊本では自ら「白繍会《しらぬかかい》」という短歌の会を主宰し「紫溟吟社」と合同で『銀杏』という会誌を発行している。銀杏は熊本城が銀杏城と呼ばれるように熊本の象徴である。題字は、愛娘の雪子に書かせた。後でも触れるが、宮崎の俳人杉田作郎の主宰する句誌『つくし』と合流した時には、虚子が祝いの句をおくり、病床の子規が迂巷に対して励ましの手紙を書いたという。玄耳は相当の子煩悩であった。玄耳の著書でみると、寝る前には子供たちが眠るまで、古典やおとぎ話の読み聞かせなどをやっていたようだ。また、子供の疑問には丁寧に答えている。なかでも雪子を可愛がっていたようだ。短歌における玄耳の号は、「石人」「頑石人」である。後に不遇の山東での生活の中で編んだ歌集『山東にあり』を読んで、病気の高浜虚子は一月以上も傍らに置き、日に二～三ページを読むのを日課としたという。虚子は玄耳が俳句よりも短歌の才のほうが優れていると評した(6)。また、森田一雄によると、玄耳は明治三一年から明治四〇年の間に、第一師団の法官部理事として転任するまで、日露戦争の従軍期間を除いてずっと熊本で過ごしているが、この間、俳句や和歌を通じて九州一円の人達と交流している。なかでも、日向の歯科医杉田作郎や人吉の井上藤太郎（微笑）らとの交流の足跡が鮮やかである。この二人については、関西俳壇の大御所青木月斗が、長崎の田中田士英や豊後高田の高井左川と並んで、九州俳壇の四天王と呼んだ人達である。青木月兎（後の月斗）は宮武外骨の「不二新聞」の文芸欄を担当した。この欄では、主として折口信夫が短歌を発表した。随想欄を担当したのは、南方熊楠であった。玄耳はよく上京の折大阪に住んでいた月兎の所に立ち寄っているが、月兎は子規と親交があったらしく子規の短冊をたくさん持っていたようだ。作郎は、玄耳が日露戦争に従軍するさいに、玄耳が生還した場合は返すという条件で子規の短冊を譲った相手である。宮崎県立図書館の杉田文庫の中には玄耳の主要な著作が含まれている。作郎は、宮崎県が誇る前衛画家瑛九の父でもある。玄耳が凱旋した後、作郎は潔く玄耳にこの短冊を返した。玄耳は、作郎にはいわなかったものの、その気持ちに報いるために、月兎のところに立ち寄った際、訳を話して子規の短冊を譲り受ける約束をする。しかし、その時には持ち帰らなかった。その後も月兎を訪ねる機会は何度かあったが、結局持ち帰らずに二年も過ぎてしまった。そうこうするうちに、玄耳が社命で世界一周の旅に出ることが決まり、月兎も気にしていたのであろうか、子規の短冊を選んで送ってきた。玄耳は、鳴雪や虚子、碧梧桐にわけを話してそれぞれの短冊を依頼した。

子規の句が

料理屋を兼ねたる春のやとやかな

と春の句であり、虚子は直ぐ

兄弟の心異なる寒さかな

を送ってきたので、鳴雪と碧梧桐に頼んであったものを入れ、玄耳としては春夏秋冬の四枚の短冊にして作郎に渡したいと考えていた。だが、旅行準備に追いまくられて、貰った二つの短冊をしまい込んでしまった。結局、その時は作郎には届かずじまいだったようだ。ただ、杉田作郎が所用で上京した大正一三年秋に玄耳と会い、問題の二点の短冊と虚子の手紙が玄耳の手から手渡されて、作郎の秘蔵するところとなったとされている。後に、作郎から井上微笑への手紙の中にそのことが記されていたという。井上微笑（藤太郎）は紫溟吟社の第四回と第五回の例会に投句して入選、玄耳の指導のほか、玄耳を通して漱石の指導を受け、一人で句誌『白扇会廻報』の発行を続けた。しかし、『鈍語』によると玄耳が直接会ったことはなく、書簡の往復が中心だったとしている。ただ、玄耳が日露戦争に出征する時、俳句仲間の送別会があり、微笑と作郎がそれに参加したとするものもある。その句誌については、玄耳自身も相当力を入れていたようで、漱石、虚子、碧梧桐、鳴雪、鼠骨、四方太等そうそうたる俳人達の句が寄せられていた。

微笑は福岡県の福岡中学を経て、玄耳より少し早く英吉利法律学校に学んでいる。余談だが、微笑の卒業の記録は無い。玄耳の名前が違っていたこともそうだが、明治二五年四月の大火でそれ以前の卒業生の学籍記録は全て失われているので、中央大学の創立百年の卒業生名簿では、他の記録、例えば『法学新報』や、同期生からの聞き取りなどで補完したとされている。従って、玄耳以前の卒業生名簿は正確さを欠くのではないかとの疑問を呈する人もいる。例えば、横山源之助の研究家立花雄一は、卒業したはずの横山源之助の名前が名簿に無いこと、中央大学法学部の機関誌『法学新報』中の卒業者数に不突合があることなどを指摘している。(7) 横山源之助は、明治四年生まれで、玄耳より一つ年上であり、富山県生まれのジャーナリストである。富山県立富山中学校の一期生として入学したが、二年生の時に中退、上京して英吉利法律学校に学んだ。弁護士試験を再三受験したがうまくいかず、各地を放浪した。その間、二葉亭四迷、内田魯庵、幸田露伴らと知り合った。また、四迷は東京朝日で玄耳と同僚となったが、源之助はこの四迷に強い影響を受け探訪記者を目指したという。

明治二七年に横浜毎日新聞に入社し、ルポ記事を中心に活躍した。『日本の下層社会』、『内地雑居後之日本』等社会問題に関する著作によって知られるが、その取材の過程で樋口一葉と知り合い親しくなったといわれる。原田敬一の岩波新書『日清・日露戦争』によると、立花雄一は、一葉がその末期の時に、彼女の全集の編纂を斎藤緑雨か横山源之助に託そうとまで思い込んでいたと書いているとしている。源之助は労働問題にも関与し、高野房太郎、片山潜等の知遇も得た。ところで、四迷は、文学を志して坪内逍遥の指導を受け、翌年、徳富蘇峰を訪ねた折に、『国民之友』の内田魯庵、横山源之助らの執筆陣と知り合った。そして、原田は四迷の言文一致体の基となったのは、逍遥の示唆による円朝の落語のほか、玄耳が長崎時代に貸本屋の本を通して夢中になった、三馬、馬琴、京伝、春水などの江戸文学があると指摘する。

『澁川玄耳略伝』(8)の谷口雄市によれば、玄耳は佐賀地方の方言で「イヒュウモン」異風者?と呼ばれるような変わり者であったが、多くの人を惹きつける何かがあったようだ。玄耳の交友関係は豊かであった。上述の通り、俳句を通じての漱石や子規の弟子たちとの交友であり、六師団の法官部の同僚川瀬六走、師団軍医部の長野蘇南、地元の池松迂巷等の仲間達である。同じく和歌を通じての仲間もいる。例えば蒲池白萍(玄造)、石川玉里(平六)等である。玉里は小学校の校長から、熊本商業、八女、加治木、中津の各中学に務めた。色盲で、何時も赤い風呂敷を持ち、赤い靴下をはいていた。妻のことをよく歌にしたので、歌友からは「吾妹子の玉里」と呼ばれていた。森田一雄によれば、前述した玄耳研究に初めて手を付けた蒲池正紀(熊本商大教授)の父親である蒲池白萍は、当時白繍会の同人であり、独身だったので、玄耳が、同じ同人の文具屋の娘との間をとりもって結婚にまでこぎつけたという逸話が残されている。これは後の話となるが、玄耳が出征する前には、白萍もいずれは召集されるだろう考え、白萍の年老いた両親と姉、身重な妻のために世話をする人間が必要だと判断して、長崎の炭鉱にいた白萍の弟を、友人に頼んで熊本の幼年学校の事務官に採用してもらったという。この蒲池正紀は玄耳の研究成果を発表する前に倒れ、その資料が前出の谷口雄市に引き継がれたのだという。教授はＲＫＫ熊本放送で「渋川玄耳伝」を昭和四〇年三月から四一年の一一月まで一二回にわたって放送したようである。筆者が後にRKK熊本放送にテープの有無を問い合わせてみた時には、その存在ははっきりしなかった。従って、その放送をとりまとめたものかどうかは分からないが、RKKの機関誌に、「渋川玄耳伝―熊本初期文壇史外伝」という記事が残されているという(9)。

なお、東海大学の蟹江秀明教授の調査によれば、RKKでは当時確かに『渋川玄耳伝』が放送され、放送された事実の記録は残されている。しかし、録音についてのアーカイブは昭和五〇年代からは完璧になされていたものの、昭和四〇年代のものは廃棄されてしまっているとしている。ところで、漱石の東京朝日入社に際しては、一足先に東京朝日に入社が決まっていた玄耳が、熊本での交友関係をバックに、紫溟吟社の俳句仲間であり、漱石の門下生であった坂元雪鳥（白仁三郎・柏陽）等と共に貢献した。玄耳が東京朝日に入社するのが内定した時点で、玄耳の熊本時代を知る主筆の池辺三山と大阪朝日の鳥居素川とが玄耳に相談した。三山も素川も熊本の出身である。玄耳は、当時帝国大学文科の学生の坂元雪鳥が紫溟吟社の仲間であり、漱石門下生でもあったので、交渉役に最適であると推薦した。漱石の朝日入社に当たっては、社主や素川が強く大阪朝日への入社を希望したが、漱石にはその気が全くなかった。そのため、漱石が大学を辞めても未だ正式入社は決定されていなかったという。雪鳥は後に玄耳の推薦で、帝国大学出身者としては初めて東京朝日に採用され、学士採用の第一号となった。ただ、玄耳の生涯の友であった雪鳥の記者生活は二年と短かった。玄耳は福岡柳川の出身の雪鳥とは熊本以降東京朝日の勤務時代を含めて生涯交流があった。後に、死期を悟った玄耳が千葉鴨川での療養を切り上げ、医者である雪鳥夫人の八千代の世話で医院の近くに転居し、その医院で生涯を終えることとなったのである。

3 日露戦争従軍

日露戦争に従軍したことによって、玄耳の世界が大きく変わることになる。しかしそれは後の事である。ただ、玄耳が同僚と競ってまで従軍を望んだのは直接的には、当時日本人が抱いていたであろう対外感情と共通の意識に基づくものなのか、玄耳個人の特別の思いによるものなのかはよく分からない。だが、当時の日本では、従来とは比較にならない多くの人達が、世界の多様な思想や現実に触れる機会が増え、しかも、国際社会に於ける列強の実態を直接見聞きすることとなった。そして、日清戦争後の屈辱的な三国干渉に対する無念の思いを国民の多くが秘めており、なかでも、最も危険を感じていた列強の一角ロシアに対する警戒心は広く心の中に刻まれていた。従って、出征に際しての思いを改めて説明することなど必要としなかったのかも知れなかった。日清戦争が終わった後、日清間の戦後処理に三国干渉という形で介入した列強は、既にアフリカでの分割を終えており、それに乗遅れたドイツを含め、極東への触手を本格的に伸ばし始める。特にロシアは、日本が最も危険に感じていた国であり、朝鮮半島と中国東北部の満州を支配することに執念を燃やしていた。それは、不凍港を確保するという宿願を果たす為であった。そして、日本での反露感情が高まったのは、直接的には露清間の満州撤兵協約に反して、ロシアが満州に留まったことが原因であった。さらに、比較的冷静であった世論を戸水寛人、富井政章、金井延、寺尾享、高橋作衛、小野塚喜平次、中村進午ら七博士の対露強硬論等を契機として、新聞各社が次第に主戦論を煽るようになったこともある。

当時六師団法官部の内部では部長が転出し、親しい川瀬六走も陸軍省法務局の理事として去った時期であった。代わりに赴任してきた岩越理事と玄耳は野戦法官部長の地位を争うことになった。岩越理事が猛運動中と聞いて、玄耳は、親しい長野蘇南軍医に相談した。すると、蘇南は岩越理事が病気のため療養が必要であり、野戦には無理があるという情報を伝え、玄耳はこの情報を基に野戦法官部長の地位を確かなものとした。玄耳の死後のことであるが、谷口の紹介する蘇南の「思い出話」に、この出征に纏わるエピソードとして、乗馬に関するものが二つある。当時の玄耳には乗馬の経験がなかった。しかし、大陸を戦場とする軍の将校にとって、乗馬は必須であった。泥縄ではあるが、玄耳は連日稽古に励んだ。そして、どうやら駆足もできるようになったところで、遠乗することになった。ところが、途中で引き返すことになり、偶然玄耳の馬が先頭に立つことになった。すると喜んだ玄耳の馬が駆け出しがちになり、引き止めようとすると棹立ちになる。まさか同僚の前で落馬の醜態は見せられず、顔面蒼白になって堪え、やっとその場を凌いだことがあった。もう一つは、戦場に出てからの話である。急遽第一線に追随する必要ができて、全員騎馬で駆け付けたところ、まだ硝煙漂う前線で玄耳の馬だけが、敵陣に向かって駆け出し、玄耳は脂汗を流しながらこれを引き止め、やっと難を逃れたという。

森田一雄によると、玄耳は六師団の主力の第二軍の一員として戦列に加わるため明治三七年六月一九日に熊本を出発した。

ひょろひょろと出てまゐるなり心太《ところてん》

出発の折に玄耳が残した句である。玄耳は長崎から輸送船で黄海を経て遼東半島の大連の南に上陸する。ロシアが敷設した東清鉄道（後の南満州鉄道）に沿って中国東北部を北上した。二年余りを師団司令部の一員として、軍法会議の運営、従軍記者の原稿、将兵の手紙などの検閲に当たる傍ら戦闘ではなく、戦場の日常を随筆として九州日日や東西朝日に寄稿した。玄耳としては、軍の法官として、日清戦争の時以来、新聞紙条例二二条に基づく陸海軍の省令で軍機・軍略の報道が禁止されていることを十分承知しており、それを検閲する立場にあることから、敢えて違う側面から戦場を表現しようとしたのかもしれない。玄耳の初稿「俳諧小さ刀」が九州日日の紙面に掲載されたのは、六月二三日で、玄耳が熊本を出てから四日後という驚異的な短時日である。後に蘇峰が激賞した「戦場の兎」などを東京朝日の従軍記者弓削田精一（秋江）の勧めにより、三七年一二月から翌三八年の初冬にかけて東京朝日に寄稿した。九州日日新聞に掲載された玄耳の随筆を読んだ同紙の女性記者平山訓が関心を抱くこととなり、戦場に慰問袋を送るまでとなった。そして、凱旋した玄耳と和歌に長じた訓との交際が共通の趣味を通じて深まった。やがて、その交際は男性と女性との関係にまで発展し、玄耳が東京第一師団に転属するや、訓は玄耳を追って上京するに到った。結局玄耳と訓との関係が、玄耳とイヨ夫人との離婚をめぐる訴訟の原因となり、後に玄耳の東京朝日での活躍の場を奪う理由の一つとなったのかも知れない。

（1）前掲　谷口雄市『渋川玄耳略伝』。
（2）前掲　森田一雄『評伝渋川玄耳　野暮たるべきこと』。
（3）前掲　森田一雄『評伝渋川玄耳　野暮たるべきこと』。
（4）漱石の思い出　夏目鏡子述・松岡譲筆録　文芸春秋社　一九九四年七月一〇日発行。
（5）前掲　森田一雄『評伝澁川玄耳　野暮たるべきこと』。
（6）「山東にあり」『ホトトギス』二四（六）通巻二九四号。
（7）立花雄一『大原社会問題研究所雑誌』No.五五八号・五五九号。
（8）前掲　谷口雄市『澁川玄耳略伝』。
（9）前掲　森田一雄『評伝渋川玄耳　野暮たるべきこと』。

第五章　ジャーナリスト玄耳

1　「東京朝日」社会部長

玄耳は、弓削田秋江、池辺三山など玄耳の文章を認めた人々の強い勧めを受けて、東京第一師団の慰留を断り、東京朝日に入る。森田一雄によると、明治四〇年二月二八日に陸軍の退職辞令が出たが、三月一日には東京朝日の社会部長に就任していたという。そして、入社するかしないかという時期に、所謂「熊本人脈」を通じて朝日の漱石獲得に大いに貢献する。さらに、時代の流れに先だって東京朝日の社会部の黄金時代を築き上げるのである。この時代は、玄耳の人生でも最も輝ける時代であった。東京朝日に入社した後、玄耳は当時開催されていた東京勧業博覧会を、お上りさんの「東京見物」としてまとめ評判をとった。後に、玄耳がこれを出版するとき漱石が序を書いている。この記事は玄耳のジャーナリストとしての出発を飾る記事の一つとなった。当時社会部長という職名はなかったようであるが、現在の社会部長のような職責を有する地位に着いた。漱石はその社会部長の管理する紙面の一隅の文芸欄を委ねられることになる。森田一雄が業界の出版物や社内の出版物等の資料で紹介しているジャーナリストとしての玄耳像はなかなか興味深い。玄耳が従軍した日露戦争以降、新聞の編集機能が大幅に改革され、報道第一主義が確立されてきた。そして、これと並んで、文化記事、娯楽記事の面でも新しい分野が開拓された。編集部内に「社会部」という部門が出現した。従来の三面記事、軟派記事に代わって新しい感覚や知性で社会事象を取り扱う記者達が出現したのである。玄耳は東京朝日の社会部長として、その先駆的な役割を果たした。玄耳のこの分野での業績はジャーナリズムの世界で認知されている。『日本新聞百年史』は、次のように述べている。(1)

「東京朝日の渋川玄耳、杉村楚人冠、大江素天、毎日の奥村不染、小野賢一郎、国民の松崎天民、こうした新進社会部記者が頭角を現わすようになって初めて今日の社会部の基盤が作られたのである。それら幾多の新人が明治四十年代の新聞紙に新しい風を吹き込んだのであるといっても言い過ぎではない。」

以下朝日の後輩としての森田一雄が、前掲書のなかで玄耳の部下たちの玄耳評を朝日の内部資料『東京社会部小史』の中から紹介したものである。

「社会面記事の取材範囲を拡張して古い型を破り、後年のいわゆる総合編集の糸口を開いた功績は大きい。これは当時の部下が等しく認めているところ」

であるとし、当時の部下のそれぞれの評価が次の通り紹介されている。

「美土路　昌一　澁川氏は文章を直す時にはそれぞれの記者の個性を生かすように気をつけていた。そして社会記事も取材の範囲が新しい傾向に向かうようになった。澁川という人は気の短い性質で仕事には随分厳しく使われた。その代り事件には随分金をかけたものだった。部下の使い方は荒かったが、取材の範囲が広められて社会面の記事が軟派時代の旧殻を脱し、普通の事件ものは通信社に任せ、記者は自分の頭で取材の途を開拓してニュースを作るのが原則となって、自分の着眼したものを社会部長に相談して良いとなればそれをやる。後に松崎天民君の浅草探訪とか渡辺利喜松君の犯罪調べとか特殊な続き物が載せられて紙面に新味を盛るようになった。

生方　敏郎　澁川という人は陸軍法務官をやった人だけに司法記事に特別に力を入れていた。今までと違った観点からこれを社会記事として扱う意図があったらしい。僕は英文科の出身で、東京に地方裁判所というものがあるのが不思議に思えたくらいだった。司法記者になってから出会った裁判に、野口男三郎の『しり肉斬り事件』の公判があった。その記事を今までの尋問、供述、論告、弁論といった形式を無視して心理描写を主にして書いたところ、それがソックリ削らずに三、四段も出たのには驚いた。裁判所の受け持ちの日課の他に易者巡りとか、幼稚園巡りとかの続き物を書いたり、新刊批評をやったり、他の原稿の書き直しをやったり忙しくて日曜も祭日もなかった。アユの解禁や猟の解禁の時期になると、新橋駅へ出かけて行って天狗連の話をとって記事に書くことを命じられたこともあった。

鎌田　敬四郎　澁川氏はいつも着想が新しかった。いろいろな化学新薬が続出した時代だったが、その効果をハッキリ読者に知らせる必要があるというので、秦博士（佐八郎）が発見したサルバルサン（梅毒の特効薬）について、反対論の学者の意見を聞きにやらされたこともあった。それからこれも澁川氏の着眼によったものだが、僕が入社して間もなく帝大出の鈴木文治君と早大出の名倉聞一君の二人が入ってきた。当時日本国内にはまだ労働問題は起こっていなかったが、澁川氏は外遊中の研究によって、日本にも将来必ず起こるという見通しをつけ、この鈴木、名倉両君に救貧事業についての調査を入社試験問題に出し、一か月の期間を与えて論文を書かせた所、二人ともよく出来てパスし、鈴木君は労働問題を担当し、名倉君は美土路君の後をうけて運動記者になった。その他、競馬攻撃とか野球排斥とかをやったが、澁川氏のやり方は主としてアメリカの新聞の行き方を取り入れたもので、よかれあしかれ日本の新聞界に新機軸を出し、素人出身でありながら新聞界の鬼才といわれた。」

この鈴木文治は、玄耳が採用し、玄耳が解雇した。鈴木の記事の重複記載という不注意が原因であったとしても、解雇は朝日の社風から見て過酷な処分であると評価された。しかし、野に放たれた鈴木文治が日本の労働運動の先駆的な指導者として社会に登場したのだから皮肉である。同じく森田の紹介するところより、外部が玄耳の率いる東京朝日の社会部をどう見ていたのかを見てみよう(2)。

最も古い週刊誌の一つで、明治四一年一一月創刊の『サンデー』の売り物の一つに新聞評判記があり、明治四二年八月一五日号、二二日号で「東京朝日新聞社」という特集を組んでいる。その中に、「社会部」という部分がある。

「社会部は五、六、七面の三面を編集する。部長澁川柳次郎は号を玄耳またの名を藪野椋十という。玄耳というのは俳号で、彼は日本派の俳人としてかなりの盛名を有し、かって熊本にありて迂巷らと共に俳諧雑誌銀杏を発行したこともある。のちに軍に日露の役に従って朝日に通信を書いた。単行本とした従軍三年はすなわちそれで、俳趣味のあふるるがごときものがある。帰来朝日に入りて今や部長の地位にある。朝日に閑耳目を書き、次いで東京見物を書くや文名漱石に迫り、続いて上方見物、世界見物を書くに至って観察の妙、筆致の奇警ともに新聞界に珍しい才人たるを示した。澁川の下にある社会部員には多くの腕利きがいる。坂元三郎（雪鳥）、水谷乙次郎（幻花）、松崎市郎（天民）、黒田力松（撫泉）、渡辺利喜松（鶴峰）、山本松之助（笑月）、薄井秀一、西村真次（酔夢）等で、坂元は文学士、西村は早稲田出の文士たる外、他はみな新聞社会で磨いた勇士で、黒田は朝日社会部の元老で裁判所係りとして犯罪研究に興味を持っている。松崎は国民より、渡辺は二六より転じたものである。社会部は多士せいせいの観がある。」

そして同誌は、さらに一〇月一七日号と二四日号で「東京新聞社の社会部」という記事を載せ、「始終捧げ銃の澁川隊長」という見出しをつけている。

「同じ新聞記者でも社会部記者といえば、二六時中、社会の暗黒面に突き入って、地獄の亡者のように、腐敗した良心の死骸ばかり扱っている御連中だもの、あまりお人が良い筈はない。こういうお盛んな連中を統率する御大将は一体どんなご面相でいかなるお人柄でいらっしゃるか。まずこれら面白おかしそうなのだけ引っこ抜いて、うわさで飯を食うご本職の向こうを張ろうと存ずる。『東朝』の澁川玄耳君は、さすが前身が陸軍軍吏だけに、物をいうにも事務をとるにも始終捧げ銃の姿勢でいらっしゃる。年が年中古ぼけた詰めえりの、黒のメルトンをボタン一つ外さずに着用して、号令をかけるようなりんとした物のいいよう、惜しいことに木製のボタンを金製にしてくれれば、どこかの駅夫と間違えたかった。君はすこぶる謹厳正直にして世辞も甘気もない。ただキビキビしたやり口でピシピシ事務を運ばれるから、道草連中の中には多少よくいわぬ連中がないでもない。すでにいんぬるころ世界一周会に派出されたのは、その不在中に澁川内閣転覆を企てるつもりだったというご宣託もチラホラ承ったが、いまだに火の手の上がらぬは、これも不平連の流言飛語であったのか。何しろお手元には、いずれも口八丁手八丁のご連中ばかり。かかる才子をきら星のごとく馬前に押し並べて『全隊進め』の専制的号令をかける澁川玄耳君も、また実におエライ事といわねばならぬ。

君は『明治法律』の卒業生で、在学中はさんたんたる苦学生生活を続けられ卒業後も不遇にして一定の職業なく、某弁護士宅の玄関に食客のはかなき生涯をおくらるるうち、タビタビ判検事試験に応じたけれども、度ごと見ん事に失敗し、零落に零落を重ねらるるうちようやく陸軍軍吏試験に及第して軍吏となり、その後『朝日』に入りて外交記者となったのであるが、生来文筆の道に多才多芸、『東京見物』で大当たりの後は、藪野椋十の名天下に聞こえて、今や池辺主筆の信任も絶頂に達している。万事軍隊式にとりさばいているが、随分片意地な方で、自分がこうと思い込んだ以上はみすみす悪い事でもやりとおさずにはすまさぬそうである。」

森田一雄は、記事には（玄耳が明治法律の卒業生等といった）一部誤りがあるが、玄耳が著書などでは語っていない法官になるまでの苦闘などの事柄が含まれていると一定の評価をしている。また、『岩波講座　日本文学史第一二巻　二〇世紀の文学一　二　日露戦争と文学』の中で、筑波大学池内輝雄教授が、多くのジャーナリストが戦争効用論にのって軍に対して無批判であったのに、玄耳が同じ効用論に立ちながらも自らの著書「日露戦役従軍三年・日独戦役小敵大敵」(3)の中で、日本軍の中国民衆に対する略奪や強姦などの倫理的欠陥を指摘したことで、僅かに新聞人の面目を保ったと評価していることを併せて紹介している。(4)また、玄耳はこの著書の中で軍の在り方に対しても歯に衣を着せない批判を展開している。「日本軍隊の欠陥」がそれである。サブタイトルとして玄耳がつけたものを見ても想像できよう。「無訓練の兵を駆集む」・「兵家の最も戒むべき禍根」・「軍隊は軍人の私有に非ず」・「士気の頽廃」・「将校教育の改良、武人気質の養成」・「戦争の監督機関を設けよ」等である。玄耳は軍隊の法官となり、最前線にも出陣している。近代日本が国を守るために軍隊の近代化に集中的な努力を行ってきたことはいうまでもない。大国との戦闘に勝利するためには、世界でも最先端の組織を確立することが必要であった。軍隊が当時日本でも最も合理的な組織の一つであったことは間違いないであろう。現代においても変わりはないが、軍隊においては情報収集とその伝達の迅速性が死命を制することは想像に難くはない。その意味で新聞間の取材競争と類似する点がないとはいえない。第一線で戦闘に加わったことのある玄耳は十分にそのことを意識したに違いない。偶然とはいえ、日本の近代の新聞界は貴重な人材を得たことになったのではなかろうか。森田一

雄が前掲書で紹介したところによると、これらの経験を踏まえて、玄耳は従来の取材方法を大幅に変えたとしている。(5)

2　文学者達との交わり

玄耳は東京朝日に入ってから、その所管範囲に文芸欄を擁することから、自然に多くの文学者との交流が生じている。漱石に委ねられた文芸欄の関係もある。玄耳と漱石との関係は俳句を通じて熊本時代に始まったが、「東京朝日」を産土として、片やジャーナリストとして、片や文学者としてそれぞれの道を歩み始める。この過程で二人の思いが噛み合わない部分も出てきたようである。森田一雄は次のような漱石と玄耳の関係を論ずる著作を紹介しながら、二人の関係を推し量っている。例えば、「漱石と渋川玄耳『満韓ところどころ中断の理由について』」青柳達雄、(6) 森田一雄前掲書(7) 青柳は、玄耳が朝日に「世界漫遊通信」を連載しているのを読み、その連載中に漱石が日記の中で

「玄耳朝日に世界漫遊通信を載せ始む。文達者にしてブルコト多し。強いて才を舞して

田臭を放つ。彼は文に於いて遂に悟る値ざるものなり。」（明治四二年四月二九日）
と酷評していることから、漱石が玄耳の文章に異質のものを感じ始めていたのではないかとしている。イギリスに留学し、実際に生活をしたことがあり、ヨーロッパの文化を身近に感じていた漱石にとって、玄耳の器用だが、その文化を十分に理解しないで書いていると感じたレポートに違和感を覚えたのであろうか。しかし、玄耳は英国社会を規律する英吉利法の勉学を三年間続けたのであり、漱石が実生活と文学の研究を通じて学んだ世界と異なる見解を持っていたとしても不思議はないのである。あるいは、組織人としては常に玄耳に一目置かざるを得ない漱石が、文の世界では俺の方が遥かに到達点が高いのだと鬱憤をはらしたのだろうか。ジャーナリストであり、実務家である玄耳が、紙面構成において必要だと感じて、漱石の作品の位置を変えたり、休載したりするにことに関与していたとしたら、漱石のプライドを傷つけていたのかも知れない。玄耳は著書のなかでも所属していた軍に対する批判にも歯に衣を着せないところがあったが、実務家として、漱石の記事に対しても社会部の紙面の構成の範囲内に於いては厳しい目で見ていたのかも知れない。ジャーナリストとしての玄耳の真骨頂ともいえる。森田一雄は、漱石の「満韓ところどころ」が時々休載される一方、玄耳の「恐ろしい朝

鮮」が途切れなく連載されたことに対して、漱石のこの連載を評する、文芸評論家尹相仁の

「英国留学をきっかけに東洋人としての自覚を深めたはずの漱石の矛盾と限界を露呈した。日本の満州・韓国支配に対する鈍感さや無知を思わせる。」

という言葉を引用しつつ、玄耳の「朝鮮」が植民地支配の暗部にも触れ、ジャーナリスティックに裁断しており、「閑文字」に終始している漱石の「満韓」より優遇されて当然だとしている。これも、「文に於いて」、玄耳がジャーナリストとして目指すものと、文学者としての漱石の目指すものとの違いだと理解すべきなのかもしれない。それとも森田一雄や、尹相仁のいうように歴史や社会の現実に対する認識の厳しさの差異なのであろうか。

二〇一三年一月七日付の読売新聞に、黒川創が、伊藤博文暗殺事件を報道した「満州日日」の記事について漱石が言及し、同紙一九〇九年一一月五日及び六日に「韓満所感」と題してその所感を掲載していたことを韓国で発見したとする記事がある。それによると、「余の如き政治上の門外漢は遺憾ながら其辺の消息を執立てる資格がない」と書いているという。漱石との関係では、仕事の上だけではなく生活面でのエピソードも多い。漱石が朝日に入った時に、所

得税の支払をためらい、玄耳にその相談をして嗜められたり、入社の歓迎会を漱石の都合で断り強く諫められて、漱石は玄耳宛に言い訳の手紙を出している。森田一雄は、このような経緯を経て、漱石が玄耳としっくりいかなくなったのではないかと推測している。しかし、後に玄耳は自著の序文を書いてもらったり、漱石が病気した時は見舞いに行ったり中国旅行の時は、漱石に墨や書を買ってきたりしている。また、玄耳が東京朝日を退社した後、飼い猫を漱石に預けたり、漱石の書画をねだったりしている。玄耳は漱石と自分とを比較しようなどという野心はないので屈託がないが、漱石にとっては東京朝日を足がかりにした作家活動においては、常に紙面の責任者である玄耳の意向は無視できない立場にあって、鬱積したものがあったのかも知れない。しかし、それを表だっていうには都会人である漱石は繊細過ぎたのか、あるいは、漱石のプライドがそれを許さなかったのだろうか。また、玄耳は啄木に歌壇の選者を委ねたり、その処女出版の序を書いたりして、啄木が世に出るきっかけをつくったことは既に述べた。その他、玄耳は啄木が師と仰いでいた与謝野鉄幹と晶子夫妻とは、鉄幹がパリに留学するときに、晶子が将来書く文章を担保に費用を立替えたこともあった。与謝野夫妻の信頼を得たことで、玄耳が東京朝日を去り、中国旅行に出かけるときには、鉄幹はそれを思いやる歌を作っている。玄耳が山東から帰って有楽町に事務所を構えた時には夫婦が揃って、或いはそれぞれで玄耳を訪ねたという。後に、玄耳が愛しんだ長女雪子の結婚の仲人まで引き受けたというのは前にも述べた。

玄耳は尊敬する子規や漱石の弟子の俳人達とも親しかった。彼らも玄耳を認め、虚子が山東で編んだ歌集『山東にあり』を病床において読んだというのも先に紹介した。虚子は玄耳が山東から帰って浪人暮しをしていた時には、雪鳥などと共に玄耳を新宮への講演旅行に誘ったりしている。また、徳富蘇峰は、玄耳が山東から帰った時復興院の嘱託の職を世話している。そもそも蘇峰と玄耳は、玄耳が日露戦争従軍中に書いた随筆が、後に『従軍三年』として出版されたときに、国民新聞の蘇峰の目にとまり、紙上で「東京だより」と題して、「森博士の『うた日記』は、文に於て勝り、此書は、實に於て勝る。」と絶賛したことに始まる。このことは、明治文学全集九七明治戦争文学集解題(8)で紹介されてもいるが、「著者の筆峰は、犀利なれども、其の観察眼は、更に犀利也。其の興趣の多角的なると同時に、其の同情の範囲、又た頗る狭隘にあらず。」として特に「戦場の兎」を圧巻として評価した。森博士の『うた日記』とは、森鴎外の日露戦争従軍詩歌集のことである。後年佐藤春夫が『陣中の竪琴(9)』の中で高く評価している。玄耳が東京朝日で仕事上の恩義を感じていた部下、社会部次長の楚人冠とは母校の中央大学に新聞研究科を開設するときにともに協力しあっている。当時玄耳の母校東京法学院は、専門学校令による東京法学院大学となっていたが一九〇五年（明治三八年）八月一八日に中央大学への改称が認可された。当時中央大学は学科課程が本科・予科及び専門科に区分されていたが、その他に在学生を対象とする実習科や卒業生を対象とする研究科を設置していた。新聞研究科は一九一〇年（明治四三年）二月一日に、その研究科の一つとして設置された。我が国大学の中では先駆的な試みの一つであった。これは母校出身の新聞記者達が学内で会合を持つ機会があり、そこでの雑談の中から生まれた構想であったという。彼らの意向は、「近ごろの学校出のわかい人は経験浅きため直ちに物の役に立ち兼ぬること多く、就職の後一、二年は使用者、被使用者に不便不利を感ずることあり、若し茲に新聞事業に関する特殊の技能知識を開発するの機関ありて是等の人士を収集し、之に適当の教育を施さば其の世に裨益する所蓋し鮮少にあらざるべし、然るに世間此種の設備を為す者なし、本大学に於いて斯る制度を設けては如何」としてまとめられて大学側に申し入れが行われ、大学側もこれに応じたものである。開講前の明治四三年一月二八日に、講師の打合会が行われ、ロイター通信の佐藤顕理、報知新聞の森盛一郎、万朝報の中内義一、二六の川島清次郎等の他、このプロジェクトの中心となって進めてきた英吉利法律学校、東京法学院で学んだ朝日の玄耳、楚人冠、日報の稲田周之助、二六の小野瀬不二人、毎日電報の工藤武重が集まった。講義内容は文学、宗教、政治史等のほか、新聞社の組織、経営方法、編集実演等の新聞に関する実務的教科が準備されていた。しかし、その年の一一月に第一回の修業生七名を出した後は、志願者が少なく自然消滅した。修業後職場まで約束されていたにもかかわらず、余りにも実務に密着し過ぎて若い学生達の気持ちにマッチしなかったのではないかと見られている(10)。この七名の修業生の中には、毎日新聞を経て、後にエコノミストの編集長になった渡辺広重、報知の記者として知られる井上勝好、弁護士から第二次大戦後新潟県選出の代議士となった上村進らがいる。

杉村楚人冠は東京朝日の渋川社会部長の下で、次長として玄耳を支えた。玄耳は『一萬金』の中で、楚人冠とは入社して二、三年間は特別のつきあいは無かったが、社のある重要な問題に遭遇して、彼が誠実且つ重厚な君子であることを知りその才能のみならず、彼に対する尊敬の念を抱いたとしている。語学に堪能であったためハイカラさんとして社内では煙たがられていたようだ。杉村広太郎（楚人冠）は玄耳と同じ明治五年生まれで、和歌山中学を中退して上京し、英吉利法律学校に学んだ。しかし、途中で英語教育に定評のあった国民英学会に転じた。先に紹介したように、この学校は、慶應義塾の外国人講師達と、玄耳の日本神典古事記噺を英訳した英学者の磯辺弥一郎（一八六一～一九三一）等が協力して神田錦町三丁目に開校したとされている。楚人冠はその後、明治四〇年に中央大学の卒業生の会である学員会に推薦されて学員となり卒業生として扱われている。玄耳同様東京朝日で社内の機構改革に努め、調査部の設置や、記事審査部を設けるなどの外、アサヒグラフの創刊など、その斬新な着想と実行力で新聞界の発展に尽くし、玄耳ともども明治四〇年代の新聞に新風を吹き込んだ記者として業界内部でも評価されている。玄耳は楚人冠の著書『七花八裂』『大英遊記・半球周遊』にも相変わらずのおどけた調子の序を書いている。同僚の二葉亭四迷とは、漱石の朝日入社の交渉の折に、四迷の家を基地として利用しているし、四迷がロシアで客死した時には、玄耳は社用で世界一周の旅の途上であったが、すぐにモスクワの四迷の下宿を訪ね、取材して「露都に於ける二葉亭」の一文を残している。

3　一萬金

このように輝いた東京朝日の記者生活を六年足らずの齢四一歳という壮年期になげうたねばならなかったことは玄耳にとっても思いもかけないことであった。玄耳が辞表を出したのは大正元年一一月二〇日であったが、その心中は複雑であったに違いない。玄耳が東京朝日に在職したのは正確には五年九カ月であった。東京朝日を辞してから一家離散に至る経過と心境を自著『一萬金』の中で述べている(11)。

その中で玄耳は、天下一の新聞と世間が許す朝日の論説委員、評議員、社会部長、兼政治経済部次長、兼編輯次長と空名や実名や夥しい肩書きを付けられて、朝日の実権は如何にも渋川の手に落ちたかのように宣伝されたが、その自分が朝日を辞めたと知ったら世間は、どう思うだろうかと説明し難い事情についての苦しい気持を吐露している。そして、世間とはいっても、自分を知っている人はほんの狭い範囲の人達ではあるがとはしているものの、自分の中にある未練がましい気持ちを隠してはいない。玄耳の幼少時代に、故郷で四書の素読なども教わり、家庭の事情や自分の気持ちなども分かってくれている中尾先生が訪ねて来て、辞職の理由などをあれこれ尋ねられた。しかし、辞職の理由などあれこれ言うべき問題ではなく、自分が真実と思う気持ちに従って行動したのであって、三〇年来余り間違った行動をとらなかったことを認めてほしいと訴えている。あわせて、玄耳の新聞に対する痛切な思いを、次のように言い切っている。

「新聞事業は私の学問からも性質からも経歴からも適当な職業です。実際にやって見て痛切に新聞の威力の大なることを知り、同時に責任の重大なることを知り、私が幾分でも世の中に盡くし得るのは此の業を除いて外に無いとまで思います。」

そこまで新聞記者に思いを寄せながら、玄耳は先生に対して自分はこの事業から離れなければならない、なぜなら、東京朝日以外では自分の記者としての立場を貫けないからだと訴えている。ここで、退職の経緯を曖昧にしたことについて、先生に気を使った玄耳は、辞任した理由を明言はしないものの、社長に命じられた仕事に対して、玄耳がとった措置に社長が困ったといっており、何故困ったかは知らないが、社長が困ったといっているという事実だけは確かめたので辞表を出したと説明している。

玄耳が自分では明言しない抽象的な退社の理由とは別に、退社の事情は朝日内部の権力争いとも、玄耳の女性ジャーナリストとの恋を原因とするイヨ夫人との離婚訴訟問題ともいわれている。伏せられていた玄耳の退社は大正元年の一一月二五日に社内で公表された。翌二六日の早朝九時に玄耳が朝日の女性記者として初めて採用した竹中繁女史が涙ぐみながら訪ねてきた。玄耳はその彼女に対して、少しでも義理に感じるのであれば、渋川は役に立たない人は採用しなかったという実績を上げるようにと逆に励ましている。一二時には村山龍平、上野理一両社主の使者辰井秘書役が来訪した。玄耳に対する両社主の労いの言葉と、退社手当金、慰労金、特別慰労金と三つの封筒に分けて玄耳の予想を超えた手当が支給された。玄耳はこれによって、当面の生活の目途は立ったものの、これからの生活については改めて考えなければならなかった。しかし、残念だが新聞界は諦めなければならないと考えていた。慌てふためいて自分だけではなく、自分に舞台を提供してくれた朝日の名前まで汚してはならない。旅行でもして、将来の方針を定めようと中国旅行を思い立つのである。玄耳は中国に渡る。帰国後諦めきれずに、ジャーナリストとしての活動の場を探すが、ついに志を得ることはできなかった。その後第一次大戦の従軍記者青島での新聞創刊の試み、大阪での大阪新報の編集者、主幹としてのつかの間の夢の生活を経て、東京に帰りさらにジャーナリストとしての再生を願ったものの結局果たせず、最期を迎えることとなる。

(1)『日本新聞百年史』日本新聞連盟日本新聞連盟関西事務局　昭和三七年一月一〇日発行。
(2)前掲　森田一雄『評伝渋川玄耳　野暮たるべきこと』。
(3)『岩波講座　日本文学史第12巻　二〇世紀の文学1　一　日露戦争と文学』岩波書店　一九九六年二月八日発行。
(4)前掲　森田一雄『評伝渋川玄耳　野暮たるべきこと』。
(5)前掲　森田一雄『評伝渋川玄耳　野暮たるべきこと』。

(6) 漱石と渋川玄耳「満韓ところどころ中断の理由について」青柳達雄　漱石研究　第一一号。
(7) 前掲　森田一雄　『評伝渋川玄耳　野暮たるべきこと』。
(8) 『明治文学全集九七　明治戦争文学集』筑摩書房　昭和四四年四月三〇日発行。
(9) 『陣中の竪琴』佐藤春夫著　富山房　一九三二年。
(10) 『中央大学百年史　通史編　上巻』中央大学百年史編集会専門委員会　二〇〇一年　三月三一日発行。
(11) 『一萬金』渋川玄耳著　至誠堂書店　大正二年一月一〇日発行。

終　章

玄耳が上京して東京法学院に学び、厳しい書生生活を経て、結婚し子供まで出来て奮起したのか、陸軍法官部理事試補の試験に合格して、人生に一つの区切りをつけた。その間の一〇年間を、瀧井一博によれば、為政者としての伊藤博文が憲法の「試験」の時期だったとし、その結果を「甚だ良かった」と総括したとしている。近代日本の骨格を作り上げ、それを運用する人材も育ち、国民としての自覚も生まれ、産業も日清・日露の戦役に耐えうるまでに成長したということであろうか。しかしこの間に起きたいろいろな事件は、まだ藩政時代と近代の意識の相克を十分には脱しきれていない時代であったことを示しているように思われる。谷口雄市、森田一雄の執筆の動機についてみては、それぞれの著作の中に記されているが、各々郷土の生んだ逸材について、自分が書かなければという責任感のようなものが感じ取れる。また、高田素次は玄耳が親しかった長野蘇南、井上微笑に面識を得たのが玄耳に興味を持つ契機になったのだという。そして、彼らがやり残した玄耳の句集の発行に同様の責任感のようなものを感じたようだ。最初玄耳の研究に本格的に取り組んだのは、故蒲池正紀元熊本商科大学・熊本短期大学教授とされているが、生前にはその成果をまとめきれないことを危惧し後進に託した資料などを受継いだのが谷口雄市である。谷口は『渋川玄耳略伝』を執筆する傍ら、「渋川玄耳顕彰会」を立ち上げ、地元の武雄市立図書館に「渋川玄耳文庫」を設置するなどの活動を精力的にこなしてきたが、結局『渋川玄耳略伝』の上梓を待たずに逝去し、夫人が引続いて出版のために努力した。

森田一雄は谷口雄市の執筆にも協力したが、森田自身が朝日新聞定年退社後に住んだ地に、朝日の後輩であることを知った友人知人から、その地に玄耳の墓があることや、玄耳の多数の作品の行方についても教えられた。そして、それらが高田素次の玄耳の句集発刊のもととなったこと等を知った。加えて、蒲池教授がＲＫＫ熊本放送の機関誌に連載した「渋川玄耳伝―熊本初期文壇史外伝」の「付記」に、佐賀県が生んだ稀有のジャーナリストに関する記述であるのに、ＲＫＫの受信範囲にある佐賀県から一通の反応もなかったことを遺憾とする趣旨が記されていたことにショックを受けて著述を思い立ったとしている。前にも記したが、蒲池教授の父である蒲池玄造は正秋と号する旧派の歌人であったが、玄耳の歌論に魅かれて玄耳の主宰する新派の「白繍会」の同人となった。号も白萍と改め、玄耳の仲間とともに短歌の新潮流の地域における振興に尽くしたとされる。

筆者が玄耳について興味を持ったのは偶然からである。出張先の佐賀県のホテルの朝のラジオで谷口雄市前掲書の出版を知り、話のタネにでもと取り寄せたのがきっかけである。そして、谷口が死ぬ三日前に玄耳の生涯おいて、疑問として書き残している五つの点について、軽はずみにも、その内の幾つかは簡単に分かるのではないかと考えたのが発端であった。その五つというのは、おおよそ次のとおりである。一つは、玄耳が明治二二年に上京し、明治三一年に熊本六師団に赴任するまでの約一〇年間に関するものである。偶然にも伊藤の「憲法の試験期間」に一致する。その間、国学院と中央大学とどちらで先に学び、何年ずつ学んで卒業したのか。登用試験準備中に俳句に熱中し、子規の俳句の添削を受けたり、明治二七年には松村イヨと結婚し司法試験に合格しことになっているが、合格したとすれば何年何月か。二つ目は、福島県平区裁判所に判事として勤務し約五年間を過ごし、長男、二男が生まれているがこの時期共稼ぎであったのか、それとも誰かの援助を受けていたのか。三つ目は、玄耳が判事であったとすれば、高等官である玄耳が六師団の理事試補に何故赴任したのか。理事試補というのはどういう職位なのか。四つ目は、玄耳が内地や外地で病気をしているが、何時何処で病気したのか。玄耳の子供たちは揃って優秀で、男子三名は東大、一名は慶応であるが、社会的にはどんな活躍をしたのか、消息はどうなっているのかという疑問である。玄耳は六男二女の子福者であるが、二人の男児は夭逝した。この子供たちの中で、玄耳の血を最も強く受け継いだのは、末っ子の環樹であろう。環樹は東京帝国大学の経済学部を出たが、在学中から新人会のメンバーとして学生運動で活躍したといわれている。特に滝川事件の時は東大の反対運動の中心的存在だったという。卒業後は同盟通信社の社会部で活躍し、読売新聞に移ったが、それまで文芸欄が中心だった読売の社会欄を充実させた功労者の一人として社から高い評価を受けていたという。しかし、一九四五年の占領期の労働争議として著名な第一次読売争議において中心的な役割を果たして解雇された。その後、組合側と会社側の妥協の中で環樹の扱いに関して、会社側が戦後の読売の再建にぜひとも必要な人材として強く復帰を求め、それに応じて復職した。しかし、復社した後の会社側の対応の変化もあり、結局読売を退社することとなった。そして、民報社に請われて入社したが、入浴中の事故で急逝した(1)。

玄耳についての疑問の多くは森田一雄によって解明されている。しかし、玄耳の学生時代や、福島県の平区の判事時代についてはなお若干疑問が残っている。本書はこの残された疑問のほんの一部について補強できたに過ぎない。しかし、改めて玄耳の著作を読んでみると、時代の制約はあるものの、曇りない目で現実を見、自分の心情を曲げずに生き抜いたように思われる。特に時代の制約の中で、中国や朝鮮での日本の行動について、日本人としては触れられたくないような行動や事実に対しても、ぎりぎりの所で日本人へのメッセージを届けている。また、当時奢りの生じ始めた軍隊に対しても、自らが所属していたとの気持もあろうが、忌憚ない批判を浴びせている。賢夫人に頭が上がらない生活で結果的に不幸な結末となったが、女性に対しても偏見がなく、子供たちにも優しいが、甘えを許さない厳しい面も持っていたようである。また、改革に対しても積極的であり、本業のジャーナリストとしての業績は当時の業界の人々が認めるところである。その他文芸の面でも俳句や和歌の新しい潮流に敏感に反応している。また、そのような努力をしている無名の人々の才能を見出し援助することも忘れてはいない。生地佐賀での大陸文化に対する親近感に加え、中国の古典や歴史に対する深い理解と敬意もあろうが、当時の多くの人々と異なり、朝鮮や中国の人々に対して、目前の行動に対してはともかく、内心では偏見を持っていない。和漢の古典に通じた教養人が、英国法の精神を学び、軍の法官として戦争を体験し、更にジャーナリストとして世界の一端や国内の現実を客観的に見る機会を与えられて、一段と魅力的な人材となったのであろう。多くの友人達が、それを物語っているように思われる。玄耳の福島時代などまだ分からないことが多いが、玄耳にはもう一度違った光が当てられても良いような気がする。玄耳が初めてアメリカを訪れたときに、優れた直観力に基づいて、中国とアメリカの狭間での日本の将来を案じているのは、現代から見ると暗示的である。そして、この時代に日本が見習うべきなのは英国ではなく、アメリカであると述べているのは興味深い。玄耳は昭和の時代を知ることなく、大正一五年四月九日、五五歳の生涯を本郷駒込の雪鳥夫人の病院で終えた。

（1）「証言：日本の社会運動　読売争議のその後（1）―増山太助氏*に聞く」『大原社会問題研究所雑誌』No.485／1999・4

あとがき

筆者が玄耳の時代の雰囲気を少しでも味わいたいと思い、旧知で名古屋在住の澤田茂・佳子ご夫妻に明治村を案内して頂いたが、その時から相当時間が経った。当時ホトトギスの啼き始める季節で、折しもホトトギスの声を聞き、この明治村には鴎外と漱石の旧宅も展示されていたので、つい即興の駄句

子規漱石は留守明治村

を披露して、お二人の笑いを誘ったのも懐かしい思い出である。

なお、この小冊子を纏めるに当たり、筆者が現在関係しているボランティア活動の中で知遇を得た寺島昭彦氏にジャーナリストとしての経歴を持っておられる専門家としての立場から、ご指導やご助言を得た。また、東海大学の蟹江秀明教授には庸子夫人が筆者の大学同期の世話

人仲間であるという立場に甘えてご一読頂き数々の貴重なご指導を得た。それぞれの方々にこの場をお借りしてお礼申し上げたい。ただ、最終稿は何方にもみて頂いていないので文責は全て私にあることをお断りしておきたい。さて、本書はできるだけ原典に当たるよう心がけたつもりではあるが、全部ではないし、多くは最初に掲げた谷口雄市、森田一雄、高田素次の各氏のほか瀧井一博氏をはじめ多くの方々の著作によっている。その使い方が或いは著者の意図に反した使い方をしたのではないかと恐れている。また、専門家ではないが、古い引用文について、全てについてではないとはいえ、品格と正確さを欠くことになるかもしれないことをおそれつつ、大筋を外さないと筆者が勝手に判断した範囲で手を加えたものもあり、疑問を抱かれた読者は原典に当たって頂きたい。玄耳の著作についていえば、多くのものは、わざわざ、買ったり図書館に出かけなくても、国立国会図書館の近代デジタル・ライブラリーで、ネット上閲覧できるのでお試し頂きたい。

平成二五年　夏

岡村　惇

参考文献

『渋川玄耳略伝』谷口雄市著　武雄市文化会議武雄市教育委員会社会教育課　昭和六三年一一月一〇日発行。

『評伝渋川玄耳　野暮たるべきこと』森田一雄著　梓書院　二〇〇六年三月一日発行。

『渋川玄耳句集』高田素次著　青潮社　昭和四八年六月一日発行。

『日本［縮刷］複製版』第一巻（明治二二年）ゆまに書房一九八八年三月十日発行～第二三巻（明治二九年）を
主として参照。

「職員録」明治一九年～明治三十九年（但し、明治三一年を除く。）大蔵省印刷局。

『文明史の中の明治憲法　この国のかたちと西洋体験』瀧井一博著　講談社　二〇〇三年一二月一〇日発行。

『伊藤博文　知の政治家』瀧井一博著　中央公論新社　二〇一〇年四月二五日発行。

『歴史年表増補版』歴史学研究会　岩波書店一九九八年一一月一八日発行。

『日本における近代国家の成立』E・H・ノーマン著　訳大窪愿二　岩波書店　一九九三年一月一八日発行。

『ある心の自叙伝』長谷川如是閑著　日本図書センター　一九九七年一二月二五日発行。

『明治の東京』馬場孤蝶著　現代教養文庫1420　社会思想社　一九九二年二月二八日発行。

『法学入門』ラードブルッフ著　尾高朝雄・碧海純一共訳　東京創元社　一九五七年。

「証言：日本の社会運動　読売争議のその後（1）「増山太助氏*に聞く」『大原社会問題研究所雑誌』No.485／1999・4。

『日本新聞百年史』日本新聞連盟関西事務局　昭和三七年一月一〇日発行。

『中央大学と横山源之助（上）・（下）』立花雄一『大原社会問題研究所雑誌』No．558号・559号。

『岩波講座　日本文学史』第12巻　二〇世紀の文学1　二　日露戦争と文学　岩波書店　一九九六年二月八日発行。

明治文学全集九七『明治戦争文学集』筑摩書房　昭和四四年四月三〇日発行。

『トップシリーズ中央大学出身』編者　ダイヤモンド社　昭和四三年六月一三日発行。

「山東にあり」『ホトトギス』24（6）通巻294号。

『漱石と渋川玄耳』「満韓ところどころ中断の理由について」青柳達雄　漱石研究　第一一号。

『漱石の思い出』夏目鏡子述・松岡譲　筆録　文芸春秋社　一九九四年七月一〇日発行。

日本の歴史21『近代国家の出発』色川大吉著　中公文庫一九七四年八月一〇日。

『中央大学百年史　通史編　上巻』中央大学百年史編集会専門委員会　二〇〇一年三月三一日発行。

『男爵九鬼隆一　明治のドン・ジュアンたち』司亮一著　のじぎく文庫　神戸新聞総合出版センター　二〇〇三年四月一日発行。

『強国をめざして』日本の百年3　松本三之介　ちくま学芸文庫　筑摩書房　二〇〇七年九月一〇日発行。

九州鉄道博物館ホームページ。

『日本鉄道物語』橋本克彦著　講談社　一九九三年三月一五日発行。

『官僚制の研究　不滅のパワー　一八六八―一九八三』秦郁彦著　講談社　一九八三年五月二五日発行。

『大学の誕生（上）』帝国大学の時代　天野郁夫著　中央公論新社　二〇〇九年五月二五日発行。

『明治百話（下）』篠田鉱造著　岩波書店　一九九六年七月一六日発行。

『朝鮮半島をどう見るか』木村幹著　集英社新書　集英社　二〇〇四年五月一九日発行。

『思い出すことなど』他七編　夏目漱石著　岩波書店　一九八六年二月一七日発行。

日本近代史③『日清・日露戦争』原田敬一著　岩波新書　二〇〇七年二月二〇日発行。

『文明論之概略』福沢諭吉著　松沢弘陽校注　岩波書店一九九五年三月一六日発行。

『倭国伝　中国正史に描かれた日本』全訳注　藤堂明保・竹田昇・影山輝國　二〇一〇年九月一三日発行。

『二葉亭四迷の明治四十一年』関川夏央　文春文庫　文藝春秋　二〇〇三年七月一〇日発行。

『明治大正昭和世相史』加藤秀俊・加太こうじ・岩崎爾郎・後藤総一郎著　社会思想社　一九六七年六月一五日発行。

『評伝渋川玄耳』古賀行雄著　文芸社　二〇〇五年八月十五日発行。

『玄耳と猫と漱石と』安田満著　邑書林　一九九三年三月一四日発行。

『漱石の東京』武田勝彦　早稲田大学出版部　一九九七年五月三〇日発行。

『文豪・夏目漱石』江戸東京博物館・東北大学編　朝日新聞社　二〇〇七年九月三〇日発行。

『未完の明治維新』坂野潤治　ちくま新書　筑摩書房　二〇〇七年三月一〇日。

『幕末維新と佐賀藩』日本西洋化の原点　毛利敏彦著　中公新書　中央公論新社　二〇〇八年七月二五日発行。

「坂の上雲」と司馬遼太郎　特別企画　一二月臨時増刊号　平成二一年一二月一日発行。

その他法学新報（中央大学法学会）、法学協会雑誌（東京大学法学協会）等の多数の雑誌や著作・論文のほかWikipedia等を参考とさせて頂いた。

なお、玄耳の作品については特に掲記していない。また、此処に掲記していない著書・論文等多数参照させて頂いた。この場をお借りしてお礼申し上げたい。

著者略歴

岡《おか》 村《むら》 惇《まこと》

1939年6月10日生まれ

熊本高等学校・中央大学法学部卒業

政府関係機関勤務後民事調停委員・司法委員を務める

東京都江戸川区在住

玄耳と東京法学院の時代

2014年5月24日　初版第1刷発行

著　者　岡　村　　惇

発行者　遠　山　　曉

郵便番号 192-0393

東京都八王子市東中野742-1

発行所　中央大学出版部

電話 042(674)2351　FAX 042(674)2354

http://www2.chuo-u.ac.jp/up/

藤原印刷㈱

ISBN 978-4-8057-6184-7